行為障礙症兒童的技巧訓練

父母與治療者指導手冊

Skills Training for Children with Behavior Disorders:
A Parent and Therapist Guidebook

Michael L. Bloomquist　著

陳信昭、陳碧玲　譯

譯者簡介

陳信昭

學歷：台北醫學大學醫學系畢業
現職：殷建智精神科診所主治醫師
　　　　台灣心理劇學會認證訓練師
　　　　中華團體心理治療學會認證督導
　　　　台南市立醫院精神科兼任主治醫師
　　　　台灣精神科專科醫師暨兒童青少年精神科專科醫師
　　　　南一區學生輔導諮商中心兼任精神科醫師
　　　　自然就好心理諮商所創辦人
專長：兒童及青少年精神疾病之診斷與治療
　　　　心理劇實務、訓練及督導
　　　　沙盤治療實務、訓練及督導

陳碧玲

學歷：彰化師範大學輔導研究所碩士
現職：自然就好心理諮商所總監
　　　　台南大學諮商與輔導學系兼任講師
　　　　國際沙遊治療學會認證治療師
　　　　諮商心理師
專長：沙遊治療
　　　　遊戲治療
　　　　中年婦女心理諮商

前言

　　我很高興爲這本非常有價值的書寫前言。Michael Bloomquist收集整理了許多資料，而這些資料應該對家有行爲障礙症兒童的父母很有用。除此之外，最新補充的一章提供了治療者如何聯合父母來處理行爲障礙症兒童的相關資料。

　　Bloomquist 所描述的行爲障礙症兒童通常合併有注意力不足過動症、對立反抗症和行爲規範障礙症的特徵，事實上，這三種情況之間的重疊性非常的高，正如同本書第一章指出，行爲障礙症兒童經常會合併有其他問題，譬如學習障礙症、情感障礙症和焦慮障礙症。

　　有許多理由告訴我們這些問題對於發展中的兒童是非常重要的。這些問題在一般人口中很常見，持續相當久的時間，而且會影響兒童許多方面的發展，而不僅是影響在學校的學業成就。一般來說，這些兒童在許多方面都會有一些損害，譬如在學校中的行爲，交朋友和維繫友誼的能力，在家中與手足和父母相處的能力，在家庭外與大人相處的能力，如童子軍導師或教練，以及休閒活動方面的困難。也就是說，行爲障礙症妨害了他們原本可以從事的活動，而這些活動是同樣發展年齡兒童可以做到的，如遊戲運動或放學後的社團活動。至少最近十五年來的研究已經確認沒有任何單一的的治療方法可以用來解決這些兒童的所有問題，再者，任何單一的兒童在早期就需要有一整套的治療方法，而隨著兒童發展的增長，治療方法可能要有所改變。本書並沒有特別強調藥物治療，但是藥物確實對某些障礙症的症狀很有效，特別是注意力不足過動症。有嚴重語言和學習障礙症的兒童可能需要有各類型的教育性介入方法，包括特殊學校中的特殊班級課程。

　　這些資料所做的就是透過技巧訓練的方式提供父母和治療者一些能力來處理這類兒童經常出現的核心問題。在兒童的行爲障礙症領域中最令人欣慰的一件事就是父母支持團體的創立，譬如注意力不足障礙症兒童及成人協會（Children and Adults with Attention Deficit Disorder, CH.A.D.D）和其他團體。父母已經開始了解到自己不必然是引起兒童問題的元凶，因爲其中有許多是生物性的原因

所造成。儘管如此，父母還是可以運用 Bloomquist 在本書所提供的方案在家中努力，以便改善小孩的某些行為。同樣地，治療者也開始了解傳統心理動力式的心理治療對大部分這類兒童並不是最好的治療方法。有效地運用本書的方法應該可以促使大部分行為障礙症兒童的父母改善他們小孩和家庭的功能。再者，如果跟治療性的介入方法和其他治療模式併用的話，這些方法可以正面地影響兒童的長期結果。因此，本書所描述的意見和技術值得在有各種信仰和意識型態的父母、學校工作人員或治療者中廣為流傳。

—— Dennis P. Cantwell, M.D.

作者序

　　本書經過多年的蘊釀才得以出版，而其靈感是來自於這些年來跟有行為障礙症的兒童及其家庭共事的實際及研究經驗。對有行為問題的兒童實施技巧訓練是一件既困難又複雜的工作，因此若能有一些指導方法來協助小孩和父母學習及運用一些技巧，對訓練的進展將會很有幫助。當這些指導方法的資料愈來愈多的時候，將它們集結成書似乎是一件水到渠成的事。

　　本書的初版《注意力不足及分裂行為兒童的父母技巧訓練指引》是由明尼蘇達大學專業發展部出版，經過修訂之後成為此冊。本書經過補充最新資料、擴充內容、重新組織，如今還特別為治療者寫了一個章節，好讓他們能將本書用在共事的父母身上。

　　本書可以讓父母和治療者分開或者一起使用，不過本書是在「父母需求的驅使」下寫成，因此主要是提供給父母參考使用。第一章到第十六章提供父母一些資料和實用的建議；第十七章和十八章提供治療者一些關於如何與父母共同使用本書的資料和實用的建議。父母和治療者可以閱讀彼此的章節。

　　在本書中的第三人稱代名詞一律以「他」來描述（譯者註），不過本書所討論到的意見和技巧同樣適用於男生和女生。另外，本書所討論到的意見大部分適用於兒童和青少年早期，只有在少數的章節裏才有特別針對青少年做討論。

父　母

　　本書是想要來幫助行為障礙症兒童的父母，而**本書所稱的「父母」指的是扮演兒童照顧者的任何一個人（如生父母、祖父母、監護人和養父母等）**。雖然所有年齡兒童的資料都有討論，**本書最主要是適用於家有小學和青少年早期年齡小孩（大約是六歲到十六歲）的父母**。

　　本書的目的是提供父母一些實用的知識和技巧。目前已經有許多關於注意力和行為問題的父母手冊，這些書大部分強調處理問題的資料和一些技術。我

希望本書可以藉由強調處理問題和培養因應技巧的實用策略來幫助父母，因此本書是專門為想要學習一些實用的指導方法來幫助自己和小孩的父母所寫。

本書應該以探索性的方式來閱讀，而不是一頁一頁地從頭唸到尾。你不可能做完書中所描述的所有方法，所以父母應該要詳細地閱讀第一章和第二章，以便找到處理的重點，接著父母要利用一段時間全心投入某些重點技巧上面，然後再換到其他的技巧。**在整個兒童的發展期間都可以用得到本書**，在某個定點時間內（例如小孩八歲大）可能適用某些技巧；當小孩年齡漸長時（例如小孩十四歲大），其他技巧可能比較有用。

整本書的每一章最後面都有許多圖表可以用來協助父母實施各種不同的技巧，**父母和精神衛生專業人員可以（也被鼓勵）影印這些圖表使用**。

下面有關親子關係的推論是本書的基本根據：雖然小孩助長了他們本身的問題，並且要為親子關係中的許多困難負責，**但是最能夠幫助小孩和改變親子關係本質的人還是父母**。教養小孩就如同跳舞，而跳舞要如何展開則有賴於父母做引導和佈置舞台。在本書提到的所有意見和方法都涉及改變父母的行為或是父母引導小孩做行為改變，確實，研究已經證實以兒童為重點的介入方法加上父母的主動參與，會比只用以兒童為重點的介入方法來得更有效，因此，父母必須努力參與才能讓有行為問題兒童的家庭過得更好。

若想成功地使用本書，父母必須做好「準備」。**基本上父母若想運用本書中的一些意見和策略，就必須做一大堆工作**。治療者很早就發現並不是所有想要改變的人都已做好「改變的準備」，換句話說，有些人可能很有心，但卻因為個人問題、壓力、負面的思考方式和／或其他因素，導致無法從事改變所必須做的工作。**因為本書是為父母而寫，因此特別重要的是父母要能夠處理可能會成為阻礙改變的個人問題**，在這方面我建議所有父母閱讀第三章（父母的壓力）和第四章（父母的想法）的內容，並且在致力於教養工作及小孩的行為改變之前先採取任何必要的行動。

本書所討論到的方法有一點值得注意，那就是**藉由自助書型式來實施技巧訓練這種方法並未獲得科學化驗證**，不過，我提出下列的準則來確保本書的方法安全可靠。第一，我已經加入了許多經過科學化驗證的方法，而這些方法已

經證實對父母和小孩及共事的治療者很有效。第二，多年來在我與父母和小孩共事的過程中，我已經對書中的每一種方法做過實際調查研究。在本書的開頭就討論這個注意事項的目的是為了確保身為消費者的父母是在被告知的情況下購買本書。

本書的內容對預防家庭和兒童的問題，或是減少輕度到中度家庭和兒童的困難會有幫助，但是**對一個有更嚴重問題的家庭或兒童而言，本書的內容不應成為幫助他們的唯一方法**。假如你不確定你家庭或小孩的問題有多嚴重，最好請教一位合格的精神衛生專業人員（例如心理師、精神科醫師〔特別是兒童青少年精神科醫師〕、治療師或社工師等等）做個評估，以便確定是否需要其他服務（例如治療、藥物或學校的介入等等）。

在大多數的情況下你最好跟一位治療者共事，你所選擇的治療者應該是一位合格的精神衛生專業人員，或者至少有接受一位合格的精神衛生專業人員的督導，而且治療者也應該有處理行為障礙症兒童的特別經驗。你和治療者可以合作將本書當做參考的架構，治療者也比較能夠回答你的一些疑問，並且對你和你的小孩提供一些更直接清楚的「速成」訓練。

父母也可以從閱讀第十七章和十八章的內容中獲益，這兩章提供治療者有關如何協助父母和兒童做技巧訓練的資料。藉由閱讀這些資料，父母會更懂得對治療者應該有那些期望，也因此可以成為治療者服務下的最佳消費者。

治療者

治療者可以利用本書來協助行為障礙症兒童及其父母，**而本書所稱的「治療者」指的是合格的精神衛生專業人員**〔例如臨床／諮商／學校心理師、精神科醫師（特別是兒童青少年精神科醫師）、社工師或諮商師等等〕。要使用本書的治療者必須在發展／臨床／諮商／學校心理學等介入方法和行為／認知行為治療方面接受過訓練，或者至少有接受一位合格的精神衛生專業人員的督導。

父母和治療者可以一起合作使用本書，當作是介入方法的一部分，此時治療者以本書為基礎來協助父母做技巧訓練。本書也可以當作治療者辦公室和家

庭之間的橋樑，因為本書提供父母一些直接了當的指導，希望透過這種方式能
夠讓父母在家中運用治療者協助他們學會的一些技巧。

我建議治療者先讀第十七章和十八章，因為這兩章提供了對行為障礙症兒
童及其家庭實施技巧訓練的理論依據、研究結果和治療上的建議。治療者在與
父母共事時可以視需要運用其他章節。第一章到第十六章的內容是以父母的觀
點編寫，不過治療者當然可以了解我的用心，並且會發現有許多指導方法在應
用方面相當管用。

**治療者可以影印第三章到第十四章最後面的圖表，做為專業上的照會諮詢
和介入個案之用。**

譯者序

　　自從前年五月在美國精神醫學會年會的書展中將本書的英文原版書買回來之後，就一直將它放在書架上，很少去看它。一直到去年三月才有機會仔細地翻閱內容，才猛然發現這本書是如此地實用並且貼近臨床上的需要。在翻譯了一部分的圖表並且將它們用於臨床上跟個案的父母討論管教方法以及教學活動之後，所得到的回饋也都印證了本書的治療方法用在注意力不足過動症及其他行為障礙症的實用性，因此興起了翻譯整本書的念頭。

　　注意力不足過動症、對立反抗症以及行為規範障礙症是兒童青少年精神科門診及兒童心理諮商中心經常會遇到的個案類型，尤其是注意力不足過動症更是常見，約佔成大醫院兒童青少年精神科初診量的三成。在處理這類個案時，我們通常必須花費不少的時間向個案的父母解釋這些問題的成因、預後以及不同的治療策略，但是卻也發現父母們配合治療的程度不一，有的甚至只來了一次便再也不見蹤影。父母的教育水準以及他們對問題的認知與接受度，固然是導致低配合度的主因，不過，若精神醫療單位或諮商中心能夠提供一套完整且具體可行的治療方式的話，相信必可增進父母的配合度。本書的作者具有多年處理行為障礙症兒童的經驗，他以多年來的經驗一步一步有系統而且具體地教導父母如何增進小孩各方面的行為技巧，我們相信本書的內容將會有助於臨床工作者對個案及其父母的指導。

　　在本書的翻譯過程中，首先感謝謝明慧心理師、施彥卿社工師、陳珮如職能治療師以及孫幸慈老師等人在百忙之中協助一部分章節的初譯整理工作，使得翻譯初期的工作得以順利地推展，她們都是一些對兒童工作具有熱忱的工作夥伴，很高興也很感激她們這一路上的相隨。此外，感謝徐澄清教授和台大醫院兒童心理衛生中心宋維村醫師及丘彥南醫師多年來的指導，使我們對兒童青少年的工作更具信心。成大醫院精神部陳純誠主任、葉宗烈醫師、楊延光醫師、周裕軒醫師及林玉葉醫師，與台南師範學院初教系劉信雄教授長年對我們的工作有所包容及鼓勵，我們在此表達對他們的敬意及謝意。最後，對於心理出版

社許麗玉總經理及吳道愉總編輯的協助以及陳怡芬小姐的細心編輯，也要在此獻上感謝之意。

　　本書雖經多次校正，疏漏尚且難免，期望各界先進專家與讀者不吝指正。

陳信昭、陳碧玲

台南五期新家

一九九九年一月

結婚四週年紀念日

目錄

第五篇 給治療者的資料及意見

第一篇

給父母的資料

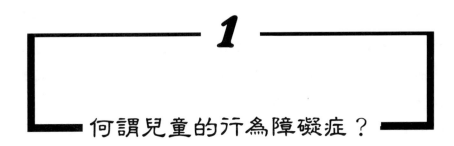

何謂兒童的行為障礙症？

　　行為障礙症兒童對父母相當具有挑戰性，這些兒童的行為經常對週遭的人們（如父母、同儕、老師等）造成負面的影響，也經常導致人們用負面的行為回敬他們。美國精神醫學會的精神疾病診斷準則手冊第四版（DSM-Ⅳ; American Psychiatric Association, 1994）定義三種分裂行為障礙症（Disruptive Behavior Disorder），包括注意力不足過動症（Attention-Deficit ／ Hyperactivity Disorder, ADHD）、對立反抗症（Oppositional Defiant Disorder, ODD）和行為規範障礙症（Conduct Disorder, CD），雖然這三種分裂行為障礙症有一些共同的特徵，但是三者之間仍有清楚的差別。儘管如此，許多兒童患有不只一種障礙症。本章將會描述這幾種不同的分裂行為障礙症、相關的兒童和家庭問題，以及對這些問題常見的評估及治療程序。

注意力不足過動症

症狀

　　注意力不足過動症兒童的基本問題就是無法規範和維持自己本身的行為，因為他們無法控制自己的行為，所以他們經常無法表現出符合環境要求的適當行為。注意力不足過動症的核心症狀是注意力持續時間短暫／易分心、衝動和

過動。

　　注意力不足過動症兒童在注意力持續時間方面的問題，可以從他們從事一些視覺和／或聽覺任務，以及當他們處在需**費力**思考的情境中看得出來。注意力不足過動症兒童在看電視、玩電視遊樂器或是做一些他們很喜歡或很在行的活動時，看起來可能跟一般其他的兒童沒有兩樣，最主要是因爲這些活動根本不需費力。注意力不足過動症兒童和其他的兒童在從事一些需要持續努力和專心的任務時，就可以發現到他們之間的差別。注意力不足過動症兒童在過濾掉一些令人分心的刺激方面也有困難，因爲他們的大腦似乎處理了太多的感官資訊。

　　注意力不足過動症兒童經常在行動之前不先思考，這就是衝動症狀。許多注意力不足過動症兒童很難一次專注在一件事情上面，而衝動的兒童不會停下來評估／預期行動的後果或思考替代的方法來解決問題，相反地，這些兒童只會行動，不會思考。衝動行爲出現的方式諸如在教室中脫口說出答案、從事冒險的行爲、丟東西或是騷擾其他的兒童。

　　注意力不足過動症兒童的過動症狀指的是整天動個不停。這些兒童就好像是「被馬達驅動」似地坐立不安、手腳亂動，並且很難安靜地坐著。

　　DSM-IV診斷系統區分注意力不足過動症的三種類型：(1)**主要為注意力不集中型**，(2)**主要為過動衝動型**，和(3)**合併型**。注意力不足過動症主要爲注意力不集中型兒童在維持注意力和完成工作方面經常會發生問題，組織能力不好，而且很容易分心，研究顯示這些兒童在學業方面經常會有困難；注意力不足過動症主要爲過動衝動型兒童在分裂行爲方面經常發生問題，研究顯示這些兒童和注意力不足過動症合併型兒童（同時有注意力不集中和過動衝動症狀）會在許多場合中出現症狀，而且在學業、同儕、家庭成員、學校工作人員等方面都會發生問題。**要符合注意力不足過動症的診斷條件，兒童必須在七歲之前出現症狀，症狀必須比其他同年齡兒童來得嚴重，而且症狀持續至少六個月以上。**表1-1根據DSM-IV的分類總結了注意力不足過動症的症狀和類型。

　　研究顯示所有兒童中大約有3～5％患有注意力不足過動症，統計數字也呈現出男女比例的不同，一般來講是男多於女，比例約 4～6：1。許多注意力不

足過動症兒童最後演變成更嚴重的分裂行為障礙症，譬如對立反抗症和行為規範障礙症（稍後將會討論）。

表1-1　注意力不足過動症的 DSM-IV 診斷準則

A.(1)或(2)有一成立：

　(1)下列注意力不集中的症狀有六項（或六項以上）已持續至少六個月，已達適應不良並與其發展水準不相稱的程度：

　　注意力不集中（Inattention）

　　(a)經常無法密切注意細節，或在學校作業、工作或其他活動上經常粗心犯錯

　　(b)在工作或遊戲活動時間維持注意力方面經常有困難

　　(c)經常看來不專心聽別人正對他說的話

　　(d)經常不能照指示把事情做完，並且不能完成學校作業、家事零工或工作場所的職責（並非由於對立行為或不了解指示）

　　(e)經常在規畫工作及活動方面有困難

　　(f)經常逃避、不喜歡或排斥參與需全神貫注的任務（如學校作業或家庭作業）

　　(g)經常遺失工作或活動必備之物（如玩具、學校指定作業、鉛筆、書本或文具）

　　(h)經常容易受外界刺激影響而分心

　　(i)在日常活動經常遺忘事物

　(2)下列過動—衝動的症狀有六項（或六項以上）已持續至少六個月，已達適應不良並與其發展水準不相稱的程度：

　　過動（hyperactivity）

　　(a)經常手腳亂動或坐時扭動不安

　　(b)在教室或其他需好好坐在座位上的場合中，時常離開座位

　　(c)經常在不適當的場合過度地四處奔跑或攀爬（在青少年或成人可僅限於主觀感覺到不能安靜）

　　(d)經常在安靜地遊玩或從事休閒活動方面有困難

　　(e)經常處於活躍狀態，或常像「被馬達驅動」般四處活動

　　(f)經常太多話

　　衝動（Impulsivity）

　　(g)經常在問題未說完時就搶說答案

　　(h)在等待輪到自己方面常有困難

　　(i)經常打斷或侵擾他人（如貿然闖入別人的談話或遊戲）

B.有一些造成損害的過動—衝動或注意力不集中症狀在七歲以前就出現。

C.此症狀造成的某些損害出現在兩種或兩種以上的場合〔如在學校（或工作場所）及在家中〕。

D.必須有明確證據顯示在臨床上造成社交、學業或職業功能的重大損害。

E.此症狀非僅發生於一種廣泛性發展障礙症、精神分裂病或其他精神病症的病程中，也無法以其他精神疾病（例如情感障礙症、焦慮障礙症、解離障礙症或一種人格障礙症）做更佳解釋。

依據類型記碼：

　314.01 注意力不足過動症合併型：若在過去六個月準則 A1 及 A2 兩者都符合

　314.00 注意力不足過動症主要為注意力不集中型：若在過去六個月準則 A1 符合但 A2 並不符合

　314.01 注意力不足過動症主要為過動─衝動型：若在過去六個月準則 A2 符合但 A1 並不符合

發展過程

　　注意力不足過動症兒童的一生發展過程頗為典型，不過每個兒童之間仍有差別，端視症狀的嚴重度而定。下面的描述大部分是根據觀察有過動衝動症狀的注意力不足過動症兒童而得，因為目前對於主要症狀是注意力不集中的注意力不足過動症兒童的發展過程了解較少。注意力不足過動症兒童在子宮內懷孕時便顯得較為活躍；在嬰兒時期，他們常常表現得精力旺盛、不安、煩躁、很難安撫，而且在設定睡眠和飲食常規方面常會發生問題；在學步期或學齡前期，他們的氣質特徵可能是屬於高度養育困難的類型，他們經常被形容為「對任何事都要去碰」，而且需要有人在旁持續地監督管理。有些注意力不足過動症兒童在嬰兒時期和主要照顧者形成的依附關係或聯結關係很差，到了學步期或學齡前期，這些兒童經常比同年齡兒童更難管教。不過，大部分要到小學階段，這些兒童的症狀才會被注意和診斷出來，因為在這個時期，他們在學校內注意力持續時間和專心的問題才會變得特別明顯，他們在學校經常無法將功課做完或持續進行工作。在小學階段，他們也可能開始在與家人和同儕的相處方面發生問題，並且可能會出現低自尊的情況。在青少年階段，這些兒童的過動症狀通常會減輕，但是注意力持續時間和衝動的問題會繼續存在。不幸地，許多源自於處理注意力不足過動症的過程中所引發的續發性問題，也在此時變得愈來愈棘手，這些青少年很有可能陷入非法行為、沮喪、同儕關係的問題和課業失敗等。注意力不足過動症的問題有可能持續到成人，而且許多續發性問題會變得更加嚴重。過去患有注意力不足過動症的成人比較容易出現情緒、人際、精神和功能上的問題（如職業困難、婚姻問題等）。如果沒有接受治療，大約

30～50％的注意力不足過動症兒童日後可以學會適應他們的缺憾，另外50～70％的兒童長大之後則有可能出現上述的問題，特別是**如果注意力不足過動症兒童同時出現對立反抗症和／或攻擊性社交行為問題的話，就更有機會出現上述的困難。**

可能的病因

　　注意力不足過動症的病因主要是生物學或神經發展方面的問題。這些兒童在腦的一部分出現了細微的異常，而這部分的腦掌管了維持注意力、過濾掉令人分心的刺激和規範活動量等功能。有一些運用電氣生理、大腦血流量、正子射出掃描和核磁共振影像等方法做的研究顯示，注意力不足過動症個案和其他組相比較起來，在腦功能方面有明顯的不同。證據顯示注意力不足過動症兒童腦中的額葉（特別是右側）、基底核和網狀活化系統等區域受到了影響，可能的原因是神經化學方面的不平衡造成了注意力不足過動症兒童在這些區域的多巴胺（dopamine）和新腎上腺素（norepinephrine）神經導物質濃度較低。儘管如此，有些研究卻無法得到相同的結果，表示我們在解釋注意力不足過動症的病因方面要特別地小心。不過，倒是沒有證據顯示單純的環境因素，譬如教養技巧不好、貧窮、飲食等會造成注意力不足過動症。

　　雖然注意力不足過動症兒童的腦部某些區域似乎受到影響，但是一個兒童會得到細微腦部異常的管道卻不盡相同。在大部分的個案中，遺傳扮演一個重要的角色，從一代傳到另一代，使得某些兒童特別傾向會有細微的腦部異常。有些個案之所以會有真正的腦部結構性細微損傷是因為在懷孕或生產時出現了問題，或是在產後受到創傷或暴露於有毒物質環境之中。不過，不管原因為何，腦部受到影響的區域都是相同的。

對立反抗症

症狀

　　對立反抗症兒童通常很不順從，同時會出現易怒和負面的情緒，而且這些問題會一再發生並且慢性化。在衡量一個兒童是否患有對立反抗症時，必須考慮到發展因素。**對立反抗症兒童呈現的對立和反抗行為比起同年齡兒童的行為來得更加嚴重，規模也更大。**對立反抗症兒童會出現的特定行為包括違反小規定、發脾氣、跟權威人物爭辯、騷擾別人、自己有問題卻責怪別人和咒罵等等。

　　DSM-IV診斷系統只描述一種對立反抗症的一般類型。雖然沒有特定的發病時間，**DSM-IV表示大部分的兒童在八歲之前就出現對立反抗症**，而且必須呈現症狀超過六個月以上才可下此診斷。表1-2根據DSM-IV的分類總結了對立反抗症的症狀。

　　最近的研究顯示大約有2～16％的兒童患有對立反抗症，注意力不足過動症兒童大約有50～65％會演變成對立反抗症，有其他神經學上的問題和／或發展遲緩的兒童最終也可能會出現對立反抗症。如同注意力不足過動症一樣，男孩比女孩更容易出現對立反抗症。

表1-2　對立反抗症的 DSM-IV 診斷準則

A.延續至少六個月的違逆、敵視及反抗行為模式，期間出現下列四項（或四項以上）行為：
　⑴常發脾氣
　⑵常與成年人起爭執
　⑶常主動反抗或拒絕順從成年人的要求或規定
　⑷常故意激怒他人
　⑸常因自己的過失或不當舉止而責怪他人
　⑹常暴躁易怒或易受別人激怒

(7)經常充滿憤怒與憎恨

(8)經常懷恨或記仇

　　注意：任一條準則要視為符合，必須其行為比起相同年齡及發展水準的人出現的次數更為頻繁。

B.此行為上的障礙在臨床上造成社交、學業或職業功能的重大損害。

C.此行為非僅發生於一種精神病症或情感障礙症的病程中。

D.不符合行為規範障礙症的診斷準則，且若此人已十八歲或更年長，也不符合反社會性人格障礙症的診斷準則。

發展過程

　　關於對立反抗症特定的發展過程所知較少。如同前面所述，大部分兒童在八歲之前就出現對立反抗症，這些兒童在出現對立反抗症之前，有些兒童的氣質特徵是屬於高度養育困難的類型，和／或有其他方面的發展遲緩。**兒童若是在發展早期就出現持續的對立和反抗行為，而且還維持到晚期的話，將來很有可能會出現反社會和非法行為**（會在行為規範障礙症段落中詳述）。對立反抗症兒童比較會有家庭、學校和同儕團體關係的問題，還有低自尊以及一大堆情緒上的困難。

可能的病因

　　目前研究對於對立反抗症的病因並不完全清楚。有些人推測可能有神經學上或生物學上的病因，因為對立反抗症和注意力不足過動症有高度的重疊性。另外，有許多對立反抗症兒童在嬰兒期、學步期和學齡前期常常被描述成一個易怒而且屬於高度養育困難氣質的兒童。高度養育困難氣質的特點就是負面情緒、對新環境很難適應、以及不規律的飲食和睡眠常規。當小孩出現這些特點時，父母的教養行為通常會傾向於負面方式，而**這種無效的教養方法便可能導致對立反抗症**。這些小孩比起其他小孩對父母更具挑戰性，因此父母可能無法提供這些小孩一致和有效的管教。對立反抗症兒童的父母常常被形容為管教方

式太不一致、太急躁或是太沒有效率。這些小孩和父母似乎不斷地彼此影響，結果小孩的問題不斷增加，而父母的管教行為也變得更糟糕。高度養育困難氣質的兒童和無效的管教方式這兩種因素加起來就可能會導致對立反抗症的出現。

行為規範障礙症

症狀

　　行為規範障礙症兒童會持續地做出侵犯別人權利和違反社會常規的行為，這些兒童可能在家中、在學校，或在社區中出現這些行為。一般來說，這些兒童呈現很廣泛的問題行為，從「面對面的公然行為」到「非面對面的暗中行為」都有。面對面的公然行為包括侮辱別人、面對受害者的情況下偷竊、攻擊行為、對別人性侵犯等等，也就是說，這些行為會直接影響到別人；非面對面的暗中行為包括未面對受害者的情況下偷竊、逃學、離家出走和藥物濫用等等，雖然這些行為已經違反社會的規定和標準，但是對別人的影響比較沒有那麼直接。有些行為規範障礙症兒童同時具有面對面的公然行為問題和非面對面的暗中行為問題。

　　DSM-IV診斷系統區分兩種行為規範障礙症類型：⑴**兒童期發病型（十歲之前）**和⑵**青少年期發病型（十歲之後）**。兒童期發病型的行為規範障礙症通常會有攻擊性，而且會出現面對面的公然反社會行為，研究顯示這類兒童中男孩多於女孩，通常以前患有注意力不足過動症和／或對立反抗症，而且在青少年和成人期會有比較多的適應問題；青少年期發病型的行為規範障礙症比較不具攻擊性，而且呈現較多非面對面的暗中行為，這類兒童中女孩多於男孩，且在青少年期和成人期比較不會有適應問題。DSM-IV也區分行為規範障礙症為輕度、中度和重度三種嚴重等級，輕度的行為規範障礙症兒童比中度和重度的兒童出現較少面對面的公然行為，同樣地，兒童必須出現症狀超過六個月以上才

能夠下這個診斷。表 1-3 根據 DSM-Ⅳ的分類總結了行為規範障礙症的症狀和類型。

　　調查行為規範障礙症盛行率的研究通常沒有考慮不同類型的比率，而是將所有類型通通併在一起處理。據估計大約有 4～10 ％的兒童符合行為規範障礙症的診斷，不過，大約有 60 ％的兒童在他們的發展過程中都曾經出現一些反社會行為（例如偶發的偷竊行為、野蠻行為或嗑藥等等），但是這些行為未達到診斷的標準。社經因素也扮演一個重要的角色，因為行為規範障礙症出現在低社經階層的比例來得比在中高社經階層高。**兒童的行為規範障礙症和對立反抗症及注意力不足過動症有高度的關聯**，據估計兒童期發病的行為規範障礙症兒童中有 82～95 ％患有對立反抗症，而且有 60 ％以前患有注意力不足過動症，小學階段的注意力不足過動症兒童中大約有 20～30 ％患有行為規範障礙症。另外，很明顯地，行為規範障礙症兒童在長大之後比較有可能會有嚴重的情緒、社交、學業和職業方面的問題。

表 1-3　行為規範障礙症的 DSM-Ⅳ診斷準則

A.一種重複而持續的行為模式，侵犯他人基本權益或違反與其年齡相稱的主要社會標準或規定，在過去一年中表現下列準則中三項（或三項以上）症狀，而且其中至少一項是發生於過去六個月之內：

攻擊他人及動物

⑴常欺凌、威脅或恐嚇別人

⑵常挑起肢體衝突

⑶曾使用能造成別人身體嚴重傷害的武器（例如棍棒、磚塊、敲破的玻璃瓶、刀、槍械）

⑷曾殘忍地對待他人的身體

⑸曾殘忍地對待動物的身體

⑹曾直接面對受害者而偷竊（例如從背後勒頸搶劫、扒竊、強奪、持械槍劫）

⑺曾強迫他人與自己發生性關係

破壞財物

⑻曾故意縱火，意圖造成嚴重損害

⑼曾故意毀損他人財物（縱火除外）

詐欺或偷竊

⑽曾侵入他人住宅、建物或汽車

⑾經常說謊以獲取財物或利益，或逃避義務（意即欺詐他人）

⑿曾在未面對受害者的狀況下偷竊價值不菲的物品（例如非破壞闖入狀況下進入商店偷竊、偽造物

品）

嚴重違反規定

⒀經常不顧父母禁止而夜間在外遊蕩，且在十三歲之前就開始

⒁與父母或監護人同住期間，至少兩次逃家在外過夜（或僅一次，但相當長時期未返家）

⒂常逃學，且在十三歲之前就開始

B.此行為上的障礙在臨床上造成社交、學業或職業功能的重大損害。

C.若已十八歲或更年長，並不符合反社會性人格障礙症的診斷準則。

依據發病年齡註明其類型：

兒童期發病型：至少一種行為規範障礙症的特徵性準則在十歲之前就出現

青春期發病型：十歲之前沒有出現任何一種行為規範障礙症的特徵性準則

註明嚴重度：

輕度（Mild）：除構成診斷所需外少有其他行為規範問題，而且其行為規範問題僅對他人造成輕微傷害

中度（Moderate）：行為規範問題的數目及對他人損害的程度介於「輕度」及「重度」之間

重度（Severe）：除構成診斷所需外尚有許多行為規範問題，或其行為規範問題對他人造成相當大的傷害

發展過程

　　有些研究已經發現了行為規範障礙症的典型發展過程和演變結果。一般來說，**行為規範障礙症問題出現得愈早，問題就會愈廣泛，持續的時間愈長，而預後也愈差**。如同對立反抗症一樣，許多行為規範障礙症兒童在早年都被認為是一個高度養育困難氣質的兒童，有許多行為規範障礙症兒童在嬰兒時期和主要照顧者形成的依附關係或聯結關係很差。在學齡前期到成人期之間，有人提出假設說明行為規範障礙症發展的幾個階段，在一九八九年，Craig Edelbrock 提出關於兒童期發病的行為規範障礙症發展的四階段理論（Barkley, 1990），他推測在學齡前期到小學早期之間，這些兒童主要是在家中有不順從和對立行為；到了小學晚期，這些兒童在學校變得更為叛逆，並且開始出現同儕關係不好、說謊、欺騙、咒罵和一些攻擊行為；在小學晚期到青年期之間，上述問題繼續存在，並且開始出現更嚴重的公然攻擊行為；到了青少年中期和晚期，這些小

孩比較會離家出走、逃學以及濫用酒精或／和藥物。在成年之後，這些個案仍然比較會出現反社會行為、犯罪活動、人際關係問題、職業困難、精神上的問題和身體健康問題。目前已經有研究支持 Edelbrock 的發展理論。

可能的病因

兒童期發病的行為規範障礙症有多重可能的病因，兒童的生物學因素和環境因素可能都扮演一部分的角色。關於兒童期發病的行為規範障礙症，有各類生物學和神經發展方面的病因已經被提出來討論，有些兒童會出現許多神經疾病會有的「軟性癥候」，也可能在腦部某些區域的神經傳導物質多巴胺濃度較低；有些具有高度攻擊性的行為規範障礙症兒童其男性荷爾蒙睪固酮（testosterone）濃度較高。如同注意力不足過動症和對立反抗症一樣，兒童期發病的行為規範障礙症也受到遺傳因素很大的影響，研究顯示即使控制了環境因素，問題仍然會代代相傳。父母的精神病理也對此症的發展有影響，行為規範障礙症兒童的父母有比較多精神上的問題，這些小孩的父親經常有反社會行為，母親常顯得憂鬱，而且／或是雙親都可能有藥物濫用問題。其他壓力，譬如經濟困難、離婚／婚姻問題和父母支持不足有時會發生，進而影響此症的發展。父母教養技巧太差和此症有直接的關聯性，這些小孩的父母在管教小孩時，經常使用無效、高壓和／或嚴厲的方式。另外，如同前面所提，負面的同儕影響也和一些兒童的症狀行為有關。

家庭和／或同儕影響可能跟青少年期發病的行為規範障礙症有關聯。這些兒童通常在青少年期之前並沒有出現問題，但是因為受到家庭問題或同儕團體的影響，他們才開始出現行為問題。青少年期發病的行為規範障礙症兒童的預後會比兒童期發病的行為規範障礙症來得更好。

兒童攻擊性的發展

在前面描述三種分裂行為障礙症時，曾簡短地提到兒童的攻擊性。對兒童期攻擊性做一些特別的討論是必要的，因為它跟兒童的長期適應有很明顯的相關性。

有攻擊性的兒童在思考和行為方面都和沒有攻擊性的兒童不同，他們的世界觀和一般信念都認為世界是一個充滿敵意的地方，而且別人總是敵視他們。因此，他們經常從環境中尋找一些確認他們信念的訊息，他們會誤解別人的行為，然後假定別人會對他們不利。有攻擊性的兒童在處理人際問題時，經常偏好使用攻擊性的解決方式。

十二歲男孩的例子將會說明一個有攻擊性的兒童會如何思考和行動。假設這個男孩認為世界是一個充滿敵意的地方，當他走在學校走廊被另一位男孩撞到的時候，這位有攻擊性的十二歲男孩會認定另一位男孩是故意撞他，所以錯在那一位男孩，因為這位有攻擊性的男孩認為攻擊性的解決方式最有效，於是他就去推那位撞到他的男孩。

對大部分兒童而言，攻擊行為的出現可能涉及氣質或環境的因素。有些人在早年是屬於高度養育困難氣質或是較易怒，這些就形成了攻擊行為的早期型態。對大部分有嚴重攻擊性的兒童而言，不管其氣質是否屬於高度養育困難，環境因素都扮演非常重要的角色。許多有攻擊性的兒童在整個早年生活中，經歷過被虐待和／或攻擊性的成人角色示範，這些兒童其中有許多是被照顧者所疏忽，和／或照顧者沒有能力持續地滿足他們的情感需求，結果就造成他們跟照顧者早期情感疏離。因為有這樣子的早期經驗，這些兒童便開始相信這個世界充滿敵意，而且認為攻擊行為是解決問題最好的方法，日常生活事件都透過這種世界觀來解讀，於是這些兒童開始誤解別人的行為含有敵意，並且相信攻擊是最好的解決方法，結果造成他們真的用攻擊行為來解決他們所遭遇到的問題。

　　許多有攻擊性的兒童並沒有良好的社交行為技巧，他們不知道如何分享、輪流、公平地玩遊戲和表達感覺等等，當發生人際問題時，有攻擊性的兒童比較沒有辦法運用有幫助的社交技巧來解決問題，因此他們便經常用攻擊的方式來反應。

高壓式的家庭手段

　　研究顯示在許多分裂行為障礙症兒童的家庭中，經常會出現高壓式的家庭手段。**當父母和小孩使用負向的行為彼此控制，而且父母用無效的方式管理小孩時，就會出現高壓式的家庭手段**。當高壓式的家庭手段存在的時候，父母經常會發出頻繁的命令、大叫、責怪或批評，企圖控制小孩，同樣地，小孩常會表現得很固執、大叫、責怪、發脾氣或批評，也想控制父母。通常有一方會讓步，結果就增強了雙方的行為，下面的例子說明了父母如何使用高壓式的家庭手段企圖讓小孩順從：

　　例一：父母發出一個命令，而小孩表現出負向行為，父母便收回命令。

　　例二：父母發出一個命令，而小孩表現出負向行為，父母便使用比小孩更
　　　　　負向的手段，最後小孩順從命令。

　　在這兩個例子當中，「負向增強」和「正向增強」都有出現。當取消一些負面的東西，而讓人感覺很好時，這就是負向增強；當經驗到一些正面的東西，而讓人感覺很好時，這就是正向增強。在例一中，當父母對小孩讓步，小孩停止負向行為時，父母便得到了負向增強，但是小孩卻因找到了對抗的方法而得到正向增強；在例二中，小孩順從命令而中止了父母的負向行為，於是小孩得到了負向增強，但是父母卻因為負向的方式有效而得到正向增強，將來會繼續使用這樣的方式處理小孩的問題。當這些行為模式一再地在家庭中上演時，小孩的行為和情緒問題會越來越增加。

　　當高壓式的家庭手段存在的時候，父母通常在其他方面的教養方式顯得無效，他們在小孩出現負向行為時比出現正向行為時給予更多的關心，而且他們

可能沒有對小孩提供足夠的監督管理。最後，父母和小孩無法形成「聯結」或親密的關係，而父母也很可能沒有花足夠的時間來照顧小孩，以便增進親子之間的聯結。

目前的研究並不清楚為什麼會造成高壓式的家庭手段，有可能是因為父母的教養技巧不好，也有可能是因為小孩太難管教了，使得小孩的行為干擾了正常的教養方式。

常見與行為障礙症並存的其他障礙症

這個段落將會簡短地複習行為障礙症兒童一些常見的並存問題。

學習障礙／說話和語言問題

兒童的行為和社交困難與學習障礙有很確定的關聯，注意力不足過動症兒童中有 26％同時也有學習障礙。有行為問題的兒童通常在接受性語言方面沒有什麼問題，但是，注意力不足過動症兒童中有 54％在表達性語言方面可能有輕度的問題。

智能不足

跟一般智能的同年齡兒童比起來時，智能不足兒童在注意力持續時間、自我控制和社交關係方面都比較不利。中度到重度智能不足兒童比較容易出現攻擊和對立行為。

Tourette 或抽動障礙症

Gille de la Tourette 症候群和抽動障礙症是神經學上的障礙症，特徵是會有

不自主的動作和／或發聲抽動。有 Tourette 或抽動障礙症的兒童比較容易會出現一種或更多的分裂行為障礙症，這些兒童在自我控制方面有神經學上的缺陷，導致行為問題比較容易發生。注意不足過動症兒童不見得會出現 Tourette 或抽動障礙症，但是 Tourette 或抽動障礙症兒童中有高達 70 ％同時也有注意力不足過動症。

焦慮和／或情感障礙症

有「內向化」問題，譬如焦慮和憂鬱的兒童，也會經常呈現出行為問題。焦慮和憂鬱的兒童也有可能會出現注意力／專心方面的問題，有時會被誤診成注意力不足過動症。研究顯示很少只患注意力不足過動症的小學年齡兒童會出現臨床程度的憂鬱，但是注意力不足過動症青少年卻有此可能。被診斷為行為規範障礙症的青少年中，有 7～23 ％也同時被診斷為憂鬱症。有些兒童剛開始是焦慮或情感障礙症，到了最後演變成行為障礙症；其他兒童剛開始是行為障礙症，到了最後演變成焦慮或情感障礙症。不過，不管何者先開始，許多兒童這兩類的問題都有。

與分裂行為障礙症相關的功能性問題

兒童的分裂行為障礙症和多種功能性問題有關，而在三類分裂行為障礙症兒童中，這些功能性問題存在的嚴重程度並不一致，並不是所有分裂行為障礙症兒童都會出現所有的功能性問題。

社交問題

分裂行為障礙症兒童經常在社交關係方面有困難，他們的社交技巧很差，也無法「看穿」別人的社交線索。他們很難去「設身處地」（也就是了解別人

的想法和感覺），而且在解決人際問題方面的能力有所不足。有攻擊性的兒童經常誤認別人會對他們不利，而且他們會在許多社交互動場合中表現出攻擊行為，到最後這些兒童不是被同儕排斥就是被忽略。由於這些困難，這些兒童常會去騷擾其他人，並且在社交情境中表現出干擾行為，甚至出現攻擊行為。

情緒問題

時間一久，分裂行為障礙症兒童從環境中（例如同儕、父母、老師、鄰居等等）得到的負面回饋比正面回饋多，這些負面的回饋有時會造成兒童出現低自尊，也可能造成他們士氣低落甚至自我放棄。這種低自尊和士氣低落偶爾會導致憂鬱，同時，這些兒童也比較容易擔憂以及想到事情壞的一面。

學業問題

分裂行為障礙症和學業困難之間有很強的關係。如同前面所述，許多注意力不足過動症或分裂行為障礙症兒童同時被診斷為學習障礙，即使沒有被診斷為學習障礙，他們在學校中仍然必須奮力掙扎。行為障礙症兒童經常中斷工作，無法完成他們的作業，他們做功課時經常沒有組織能力，讀書技巧不好，並且很難有效地管理自己的時間。有行為問題的兒童也常跟老師關係不好，因而影響到他們的學業表現。

家庭關係問題

大部分研究者不認為家庭因素會引發注意力不足過動症，但是這些兒童會嚴重地影響家庭倒是不爭的事實。研究顯示注意力不足過動症兒童在嘗試解決問題時會尋求較多的協助，而且他們的父母也會給予較多的指示。至於對立反抗症和行為規範障礙症，父母的教養方式可能是引發問題的一部分原因，其中高壓式的親子互動和無效的教養方式，長時間下來會導致問題更加惡化。有行

為問題的兒童也可能對手足造成負面影響，有可能手足之間的互動會很不好，而且通常手足很難與有問題的兄弟或姊妹相處。

評估

這個段落將會就如何評估和診斷兒童的分裂行為障礙症，做一個簡短的概論。通常是父母認為小孩有問題而帶來求助，很少有小孩會主動求助。在台灣，父母應該先帶小孩到兒童青少年精神科就診（譯者註），在門診時兒童青少年精神科醫師會安排一個詳細的親子會談，醫師會收集有關兒童行為問題的性質和程度等資料，也會收集有關兒童目前的情緒狀態、同儕關係、家庭關係和學業成就等資料，醫師也要取得有關兒童清楚的發展史以及家庭史等等，最後，醫師會詳細地了解家庭的精神疾病史。父母和老師應該要填寫評分量表，以便同時廣泛地評估兒童的功能並且精細地評估兒童的行為問題；讓兒童填些自我評估問卷也相當有用。有時可以安排一些心理測驗來評估兒童的智能、神經心理狀態、成就和人格特徵。另外，醫師也會做一些身體檢查，以便排除任何身體的疾病。許多兒童必須接受學校的評估，以便決定是否在學校接受特殊教育。所有的專業人員應該要將他們的評估結果整合起來，找出對兒童最有幫助的建議或治療方法。

常見的治療方法

在處理分裂行為障礙症兒童時，必須要有完整的治療計畫，通常，介入的範圍包括小孩、父母／家庭、學校、同儕，偶爾甚至包括社區。

父母／家族治療

即使父母／家庭並不是引起分裂行為障礙症的原因，問題還是可以從家庭中獲得部分的解決。父母／家族治療的重點在於幫助父母改善對小孩的管教和處理技巧，同時父母也必須學習如何處理自己的壓力，在此治療情況下，通常治療者會教導父母一些家庭溝通技巧、問題解決技巧和衝突化解技巧；父母也能夠在治療的環境下接受訓練，以便幫助小孩培養一些技巧（譬如在本書中所討論的一些技巧）。研究證實父母和家族治療方法能夠有效地減少兒童的行為問題症狀，並且改變親子和家庭互動。

社交及問題解決技巧團體

許多分裂行為障礙症兒童可以從團體治療中學習社交及問題解決技巧，這對他們大有幫助。社交技巧訓練對所有年齡的兒童都會有幫助，但是問題解決訓練只對心智年齡八歲以上的兒童有用。研究證實這類治療可以減少兒童的攻擊行為，但是對於改善注意力不足過動症兒童的行為卻幫助不大。因此，這些團體不應成為唯一的介入方式，但是可以和其他介入方法合併使用。

特殊的學校介入方法

至少要徵詢學校的意見，並且要有某些監督方案，以便學校工作人員能夠保持對分裂行為障礙症兒童的注意。有時候必須要有一個較為特定的介入方法，好讓有學習或情緒／行為困難的兒童能夠接受特殊教育。很重要的是父母和學校工作人員必須在考量到兒童的最佳利益前題下，形成一個彼此合作和尊敬的關係。

許多分裂行為障礙症兒童有資格接受特殊教育服務，**父母應該要了解在一九九一年美國教育部已經明訂了資格指引，讓注意力不足過動症兒童在一般教**

育中獲得特殊教育的服務和修正，以便幫助他們在學校中學習得更成功。

個別治療

有時候要讓兒童接受個別治療，特別是當這些兒童有情緒問題，或是過去曾被虐待、疏忽或是家庭分裂的情況特別嚴重。在此情況下，個別治療可以幫助兒童解決尚未化解的情緒問題，並且獲得對自己問題的洞察力。個別治療不應成為這些兒童主要或唯一的治療，但是可以成為所有介入方法中的一部分。

精神藥物治療

精神藥物治療對注意力不足過動症兒童通常很有效。常用的精神刺激劑，譬如利他能（Ritalin），可以幫助兒童改善他們的注意力持續時間和降低他們的衝動性，**大約 70～75 ％的注意力不足過動症兒童對精神刺激劑有良好反應。**這些藥物可以有效地改善進行工作的行為、學業產量、社交互動和親子互動。在精神刺激劑當中，利他能通常是第一選擇，因為對這種藥物的研究最多，而且醫師使用這種藥治療注意力不足過動症的經驗已經有許多年了。最近研究顯示 Clonidine 可以減少注意力不足過動症兒童的過動和衝動行為，不過這類研究目前尚屬少數，因此在使用這種藥時要特別小心。鋰鹽（Lithium）和好度（Haldol）也有被建議用來治療有嚴重攻擊性的兒童，但是有效果的研究卻不多見，因此只能視為暫時性的結論。三環抗鬱劑有時候用在呈現注意力不足過動症兒童或注意力問題合併有情感障礙症的兒童身上，因為這種藥可以同時改善注意力和情緒症狀。抗鬱劑通常是用來治療對精神刺激劑沒有反應或是有副作用的注意力不足過動症兒童。

合併使用藥物和其他心理／環境的介入方法已經證實比單一的方法更有效，父母必須將藥物治療當作是所有治療中很重要的一部分，在這方面你必須請教兒童青少年精神科醫師的意見。

多重模式介入方法

　　大部分的專業人員都同意在治療分裂行為障礙症時要採取多重模式方法，這個方法意謂著兒童在一生當中必須接受上面所討論到的許多或全部治療方式，**研究顯示接受多重模式介入方法的兒童在日後的預後最好**。在兒童經過不同的發展階段時，治療通常是走走停停，端視兒童的進步情況而定。對於不同治療方法進一步的資料，父母應該請教精神衛生專業人員。

機構化介入方法

　　有些兒童的行為問題太嚴重，無法從門診、特殊教育和藥物治療中獲得幫助。當其他方法都試過之後，住院治療可能較適合。大部分的住院治療中心在一個控制的環境中提供兒童技巧訓練團體、學業／職業服務、父母／家庭治療、藥物治療和環境治療，而且期間頗長（例如六～十八個月）。研究顯示接受這種治療的兒童在住院中心內進步很明顯，而且出院後仍能短時間維持這些進步。不過，長期下來這些兒童有許多會復發，再度出現行為問題，因此在兒童從住院治療中心出院後，必須要有一個積極的門診治療方案繼續實施。

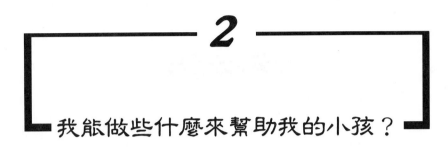

你現在正在看這本書就證明你很關心你的小孩和家庭，不過，在剛開始就要先考慮到你關心的程度。**如果你非常關心，而且覺得你的家庭受到小孩行為問題嚴重的影響，那麼你可能需要尋求合格精神衛生專業人員的協助**，因為這本書上所提供的意見雖有幫助，但可能不夠，因此帶小孩去接受評估並遵從治療建議會是一個好的開始。如果問題嚴重，就不要只有用本書所提供的方法，因為這些方法只有在你的小孩或家庭問題較輕微，或是合併有精神衛生專業人員的協助下才會獲得最大效果。你可以回顧第一章所討論到的常見治療方法。

本書採用技巧訓練取向，將重點放在增進小孩及家庭的能力。小孩可以學會一些技巧，並變得更有能力，但是小孩生活中的重要人物也需要加入協助的行列，其中父母是最重要的，但其他人員包括老師、教練、鄰居、同儕、手足等等，也都可以協助小孩。重點是父母不光只是學習自己應學會的技巧，也要當做老師來幫助小孩學習一些技巧。

本書所討論的意見和概念都將重點放在發展層面上，將小孩的問題當做是在某些部分和技巧方面的發展遲緩會很有幫助，小孩可以接受訓練來增進技巧，如此一來，他的發展便可能增進到與他的年齡相符合的程度。再者，熟悉發展常模非常重要，如此才能針對需要訓練的目標，使訓練變得更有效；舉例來說，要訓練學步期的小孩學會問題解決技巧將會是一件不切實際的事情，因為這種技巧在小學年齡比較容易學得會。

本書強調「認知行為」技巧建立取向，整本書的技巧建立策略重點都放在父母和小孩怎麼想以及怎麼做。**書中所描述的程序都是用來讓父母和小孩往增**

進因應能力的方向思考以及行動。

十個處理重點

　　本書的其餘篇幅會將焦點放在十個處理重點上面，這些重點可以幫助父母學習如何來協助他們自己以及他們的小孩。研究和臨床經驗顯示，這些重點對於正在與分裂行為問題掙扎的兒童和家庭來說，都非常重要。以下是十個重點領域：

　　1. 父母的壓力

　　2. 父母的想法

　　3. 父母的參與及正向增強

　　4. 家庭互動

　　5. 小孩的順從性及遵守規定相關的管教問題

　　6. 小孩的社交行為技巧

　　7. 小孩的社交及一般問題解決技巧

　　8. 小孩處理生氣的能力

　　9. 小孩專注在管理自己學業行為的能力

　　10. 小孩的情緒健康及自尊程度

　　計畫是要在這十個重點中學習一些技巧來改善父母、家庭以及小孩的功能，如此一來，將有助於父母減少目前所遇到的問題，同時也可以改善小孩的長期預後。

在十個處理重點中對自己、家庭及小孩的評分

　　在進一步討論之前，先做一些對自己、家庭以及小孩的評估將會很有幫助。透過自我評估，你可以更清楚自己的努力重點。

　　以下列出許多描述你自己、你的家庭以及你的小孩的敘述、想法及行為，請你仔細閱讀每一個句子或問題，然後指出這些句子或問題有多符合你自己或你小孩的狀況。要留意何種狀況是屬於你小孩的正常發展，舉例來說，你不該期待一個小學低年級小孩有很好的問題解決能力。如果你不確定正常的發展標準為何，你可以參考第四章的表4-1，以獲得更多有關發展的資料。如果不只一位父母在讀這本書，你們可以彼此討論每個問題並試著找到彼此同意的答案。要記住，答案並沒有對或錯，你可以使用下面的五點量表來為每一個問題評分，然後合計每一個大題的總分。

1	2	3	4	5
非常不同意	不同意	沒意見	同意	非常同意

父母的壓力

＿＿＿＿＿＿ 1. 我覺得被責任壓得受不了

＿＿＿＿＿＿ 2. 我覺得憂鬱不快樂

＿＿＿＿＿＿ 3. 我的身體不太好

＿＿＿＿＿＿ 4. 我好像都沒有照顧到我自己

＿＿＿＿＿＿ 5. 我太常吃藥和／或喝酒

＿＿＿＿＿＿ 6. 我最近經歷過有壓力的生活事件（例如失業、親友死亡、離婚等等）

＿＿＿＿＿＿ 7. 我的配偶／伴侶和我不太溝通（如果適用的話）

＿＿＿＿＿＿ 8. 我的小孩很難管教

＿＿＿＿＿＿ 9. 我的配偶／伴侶和我在教養問題上彼此看法不一致（如果適用的話）

＿＿＿＿＿＿ 10. 我覺得沒有受到支持而且感到孤單

＿＿＿＿＿＿ 總分

父母的想法

＿＿＿＿＿＿ 11. 我常常有這種想法「我小孩的行為簡直壞透了」

＿＿＿＿＿＿ 12. 我常常有這種想法「我的小孩是故意這麼做的」

＿＿＿＿＿＿ 13. 我常常有這種想法「我的小孩是我們家庭問題的來源」

_____14.我常常有這種想法「如果我不是這麼一個差勁的父母，我的小孩應該
　　　　會比較好」

_____15.我常常有這種想法「我的小孩會像現在這樣都是他／她（另一位父母
　　　　／監護人）的錯」

_____16.我常常有這種想法「我的小孩將來沒有希望，他長大後很可能變得不
　　　　負責任，成為罪犯，或從中學輟學」

_____17.我常常有這種想法「我的小孩應該表現得跟其他小孩一樣，他應該自
　　　　己知道怎麼做而不用我教」

_____18.我常常有這種想法「我們的家庭真是一團亂」

_____19.我常常有這種想法「我放棄，我再也無能為力幫助我的小孩了」

_____20.我常常有這種想法「我無法控制我的小孩，我已經試過各種方法，但
　　　　沒有一種方法有效」

_____總分

父母的參與及正向增強

_____21.我沒特別注意我小孩的良好行為

_____22.我沒有盡最大力量來讚美我的小孩

_____23.與我的小孩相處時，負面經驗多於正面經驗

_____24.我可能注意到我小孩的負向行為多於注意到他的正向行為

_____25.我太忙以致於很少有時間跟我的小孩相處

_____26.當我跟我的小孩相處時，我通常都在工作（例如清洗、做事情、購物
　　　　等等），而不是真正關心他

_____27.我沒有參與我小孩的活動（例如學校、運動、童軍等等）

_____28.我的小孩和我彼此並不十分親近

_____29.我的小孩和我在情感上很疏離

_____30.我的壓力太多而且很疲累，以致於跟我小孩相處的品質不好

_____總分

家庭互動

_____31. 我們很少察覺到我們家庭中有溝通上的問題

_____32. 我們用沒有幫助的方式表達自己（例如貶低、責怪、打斷別人談話、不斷地嘮叨等等）

_____33. 我們對傾聽彼此的想法並不在行（例如很少眼神接觸、做白日夢、只想著自己接下來要說什麼而沒有注意傾聽對方在說什麼等等）

_____34. 我們常常在口語與非口語層面上表達了不同的訊息（例如嘴巴說「我愛你」，可是聲音近似尖叫，還一邊用拳頭打桌子）

_____35. 我們在確認及弄清楚家庭問題方面有困難

_____36. 我們家庭一再使用相同的解決問題方式，而很少想到新的方式

_____37. 當使用一種方法來解決問題時，我們不會事先思考這方法是不是會有效

_____38. 我們可能會找出解決家庭問題的好方法，但是我們通常不會照著去做

_____39. 當生氣和衝突變得有破壞性時，我們很少去注意

_____40. 我們很少懂得如何去控制生氣和衝突，而在我們家庭中常會失去控制

_____總分

小孩的順從性及遵守規定相關的管教問題

_____41. 因為小孩太叛逆且難以管教，所以我總是屈服，讓他為所欲為

_____42. 要求我的小孩去做事情很困難，倒不如我自己做還容易些

_____43. 我必須用大叫或威脅等方式才能讓我的小孩做事情

_____44. 我的小孩和我之間有權力競爭

_____45. 在管教方面我經常不一致

_____46. 我的配偶／伴侶和我在管教方面的態度並不一致（如果適用的話）

_____47. 我好像在我的小孩做出一些不好的事情時，最能夠投入和他的互動

_____48. 我經常不知道我的小孩在那裏或是他正在做什麼

_____49. 我在我們家並沒有訂定清楚的規則

_____50. 小孩晚上回家、上床、做功課等事並沒有固定的時間

_____總分

小孩的社交行為技巧

_____ 51. 我的小孩跟其他小孩沒有很好的眼神接觸

_____ 52. 我的小孩在對其他小孩適當地表達感覺方面有困難

_____ 53. 我的小孩不跟其他小孩分享

_____ 54. 我的小孩不懂得如何跟其他小孩好好地合作

_____ 55. 我的小孩不懂得如何跟其他小孩開始交談

_____ 56. 我的小孩在跟其他小孩相處時顯得被動

_____ 57. 我的小孩在跟其他小孩相處時顯得有攻擊性

_____ 58. 我的小孩不會向其他小孩問問題

_____ 59. 我的小孩不會傾聽其他小孩說話

_____ 60. 我的小孩即使在必要時也不懂得不理睬其他小孩

_____ 總分

小孩的社交及一般問題解決技巧

_____ 61. 我的小孩對於他正在做的事情並不深思熟慮

_____ 62. 我的小孩常常因為沒有事先考慮到行為的後果而發生麻煩

_____ 63. 我的小孩做事沒有目標

_____ 64. 我的小孩常常沒有覺察到他已經出現狀況了

_____ 65. 即使無效，我的小孩仍然一次又一次地使用相同的方法來解決問題

_____ 66. 我的小孩並沒有使用好的策略來解決問題

_____ 67. 我的小孩並不知道他已經發生了一些社交問題

_____ 68. 我的小孩並不清楚他對別人的影響

_____ 69. 我的小孩並沒有使用好的策略來解決人際困難

_____ 70. 我的小孩最常使用攻擊的方式解決自己和別人的不合

_____ 總分

小孩處理生氣的能力

_____ 71. 我的小孩在處理生氣方面有問題

_____ 72.我的小孩很容易不高興

_____ 73.我的小孩在生氣或感到挫折時並不自覺

_____ 74.我的小孩會破壞自己或別人的物品

_____ 75.我的小孩對別人有暴力行為

_____ 76.我的小孩會生氣而勃然大怒

_____ 77.我的小孩很容易感到挫折

_____ 78.我的小孩經常易怒暴躁

_____ 79.我太常對我的小孩生氣

_____ 80.我在處理生氣方面有問題

_____ 總分

小孩專注在管理自己學業的行為能力

_____ 81.我的小孩無法組織學校教的資料

_____ 82.我的小孩無法有效率地安排他的時間

_____ 83.我的小孩常常不知道應該要做什麼家庭作業

_____ 84.我的小孩經常中斷工作,無法在學校中完成作業

_____ 85.我的小孩經常中斷工作,無法在家中完成家庭作業

_____ 86.我小孩的讀書技巧和習慣很差

_____ 87.我的小孩在家中沒有在固定的時間和地點準備功課

_____ 88.我並不真的知道為什麼我的小孩在學校會有問題

_____ 89.我沒有參與我小孩的學校事務

_____ 90.我沒有跟我小孩的老師密切合作

_____ 總分

小孩的情緒健康及自尊程度

_____ 91.我的小孩不了解他自己的情緒經驗

_____ 92.我的小孩傾向於否認他自己的感覺

_____ 93.我的小孩不太會表達感覺

_____94.我的小孩不會將他的麻煩告訴任何人

_____95.我的小孩傾向於負面思考

_____96.我的小孩不喜歡他自己

_____97.我的小孩傾向於將事情想得很可怕

_____98.我的小孩總是看到事情的負面部分，很少看到正面部分

_____99.我的小孩常為了很多的問題責怪他自己

_____100.我的小孩很看不起他自己（例如說自己不好）

_____總分

　　再重新檢查一次答案是否漏填，然後將各大題的總分寫在空格內。分數愈高的大題可能表示你自己、你的家庭或你的小孩在這方面有愈多的問題。同時，問題的答案是 3、4 或 5 者，可能表示在這些方面有特別的困難。

決定處理重點之順序

　　在下列空格內，按照各大題的總分，由高而低依序寫下來。

1. _____

2. _____

3. _____

4. _____

5. _____

6. _____

7. _____

8. _____

9. _____

10. _____

　　按照得分高低來決定處理重點之順序是一種科學化的方法。現在請你再檢

視這十個重點，然後依照你的直覺，根據你所認定的重要性重新排序。**一般來說，若父母或家庭有問題，那麼將重點放在兒童的技巧上，通常效果較差，相反地，應該先將重點放在父母和／或家庭技巧，再放在兒童的技巧。** 依照你認為的重要順序，寫下你的最後決定和問題的排名。

1. _____
2. _____
3. _____
4. _____
5. _____
6. _____
7. _____
8. _____
9. _____
10. _____

如何使用本書

以下列有本書中相對於十個處理重點的章節：

　　如果你已經確定在那些方面有問題，你可以翻到特定的章節，以便學習一些技巧來改善問題。當你翻閱每一章時，必須要遵守每一個步驟，千萬不要省略任何步驟，因為每一個步驟都是用來促進下一個步驟的施行。必須謹記在心的是，使用每一章所描述的策略都需要花費你許多的心力，俗語說「要怎麼收穫，便要先怎麼栽」，這句話很適用在這裏。**如果你真想讓你自己或你的小孩改變，你就必須花心力在這方面**，要想到將來長期的收穫，而不要只去想到短暫的好處。如果你現在努力，很可能最後會有回報，不過有時候當你剛開始嘗試新的方法時，情況在轉好之前會變得更糟糕，**但是只要你堅持下去，時間一久，你終將會看到正面的結果。**

幫助你的小孩／家庭處理一些本書未提及的其他問題

　　想像一座冰山，一座冰山只有極少部分露出水面被人看見，大部分都藏在水面下看不見，而冰山之所以危險，是因為人在船上無法看見藏在水面下的冰。將你的小孩想像成一座冰山（見圖2-1），**你所看見的問題只是小孩真正問題的一小部分**，經常在更深層底下還有其他小孩、家庭或社交問題，而這些問題會促成小孩的行為問題。如果你不考慮這些可能會影響小孩外在行為的潛在問題，你將錯失一些可能可以幫助你小孩／家庭的重點。下一頁是一張小孩站在冰山上面的圖，水面上的部分是小孩的行為問題，水面下的部分包括所有可能影響小孩問題的其他小孩、家庭或社交問題。

　　如果你的小孩正在處理上面所提到的一些小孩、家庭或社交問題，這些因素可能跟你小孩的行為問題有關聯，因此你必須重視這些問題，並且讓你的小孩或家庭接受各類的治療。你可以參考第一章有關行為問題兒童的常見治療方

法那部分，以便思索更多其他的方法來幫助你的小孩和家庭。

兒童的行為

影響兒童行為的其他因素

• 情緒問題
• 低自尊
• 學習困難
• 同儕壓力
• 家中的無效教養
• 家庭問題
• 鄰居和／或學校的暴力問題
• 學校中的無效教學
• 電視／電台的不良角色示範
• 電影和／或唱片中的暴力和／或色情
• 有壓力的生活事件（例如離婚／分居、搬家、死亡等等）

圖 2-1　兒童的行為冰山

第二篇　幫助父母增進父母及家庭技巧的指導方法

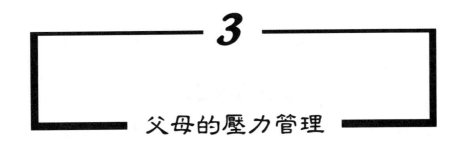

父母的壓力管理

　　父母對小孩的行為絕對有重大影響，事實上，如果父母有自己的困擾，將有可能導致小孩的行為問題不斷增加。本章將會提到父母的壓力如何影響小孩的行為問題，以及父母如何從事壓力管理。

處在壓力下的父母

　　約翰和茱蒂結婚十七年，並且有兩個小孩，十歲的莎拉和八歲的傑克。莎拉在家中、學校或與鄰居的朋友互動時，常有一些行為問題讓父母很難處理。在家中，她特別不順從和叛逆，她拒絕父母所提出的任何要求，同時，父母也觀察到莎拉經常和弟弟打架。他們決定要表現得更為一致，不要讓她繼續「為所欲為」。

　　約翰和茱蒂的生活相當緊湊匆忙，約翰有一個全職和一個兼職的工作，茱蒂也是全職的職業婦女，他們需要花很多的時間工作才能維持生活。茱蒂負責大部分的家事，而約翰似乎時常心情鬱悶，他常常煩躁不安而且不斷地抱怨。當約翰在家時，大部分的時間都在看電視，很少和家人相處，茱蒂經常抱怨約翰是一個「懶人」，而她自己「就好像是單親媽媽」一樣，因為他從不參與家中的事情。他們爭吵的次數愈來愈多，要不是為了他們的小孩，茱蒂甚至想離開約翰。

　　上星期二家裏發生了一件事。晚餐後茱蒂要求莎拉將桌上的碗盤收拾乾淨並拿到水槽裏面，但是在茱蒂提出這個要求之前，莎拉、傑克和約翰已經開始看電視；茱蒂嘮叨了莎拉好幾次，也要求約翰協助，但是他一動也不動；最後，

在嘗試幾次要叫莎拉收拾桌子卻得不到約翰的協助之後，茱蒂便自己動手將桌子收拾乾淨。

何謂父母的壓力？

在現代社會中，父母的壓力不斷在增加，經濟負擔和社會家庭不斷改變的本質更造成他們的困境。我們知道處在沈重壓力下的個人無法發揮正常的功能，更會影響他們教養小孩的能力。這裏提到的壓力範圍十分廣泛，包括個人的壓力，婚姻／關係的壓力、教養的壓力，以及社會支持不足。

個人的壓力

如果一個父母處在沈重的壓力下，他經常會覺得被壓得喘不過氣來。過高的壓力同時也是父母憂鬱或焦慮的一個癥兆，父母可能開始酗酒或濫用藥物來解決個人的困擾。許多研究證據顯示，如果父母持續處在一個高度壓力的狀態下，教養出來的小孩比較容易會產生情緒和行為問題。

婚姻／關係的壓力

當父母之中一人出現婚姻問題，或很難與伴侶相處時，他也將很難滿足小孩的需要。這些問題的範圍可以從伴侶之間經常爭吵，嚴重到出現暴力行為。在有適應問題兒童的家庭中，常可發現父母有婚姻／關係上的問題。

教養的壓力

小孩有時會相當難管教，以致於父母和小孩相處時倍受壓力。父母有時會因為小孩的行為問題感到壓力過大或面臨崩潰，以致於在必要時也無法管教他

們的小孩。但是，如果父母就這麼放棄，小孩的問題將會增加。

社會支持不足

當父母太過孤立或感到孤單時，會比那些具備良好社會支持（例如朋友、家人等等）的父母感受到更多的壓力，研究發現缺乏社會支持的父母和有情緒困擾和行為問題的兒童是相關的。

父母的壓力和小孩的行為障礙症有什麼關聯？

第一章曾提到無效的教養方法和小孩的對立反抗症、行為規範障礙症及攻擊行為有關。發生行為問題的高危險小孩需要有愛心且全心參與的父母提供有效而且一致的管教原則。**如果父母本身有太大的壓力，他將很難扮演好父母的角色**。不幸地，當小孩出現更多的行為問題時，對父母而言是「極度的壓力」，可能造成**父母教養功能的瓦解**，進而導致更多的行為問題。因此，父母的壓力、父母教養功能的瓦解和小孩的行為問題等三者會以循環的方式彼此影響，如圖3-1。這顯示出父母必須逐漸減低自己的壓力，以便能夠有效處理小孩的行為問題。

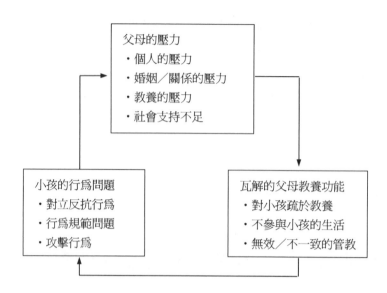

圖 3-1　父母的壓力與小孩的行為問題

父母的壓力管理

　　大家都可以了解，除非你可以處理自己的壓力和個人的問題，否則你無法
提供小孩所需要的部分。很明顯地，為了滿足小孩的需要，你必須先照顧好你
自己。以下將討論父母如何加強壓力調適的能力，但因為這部分不是本書主要
的重點，所以這些建議只作簡單的介紹。儘管如此，提出這些議題是必要的，
而且除非你真正重視這些壓力議題，否則，你的家人和小孩將無法從書中所討
論的策略中獲益。

尋求專業的協助

　　如果你確定自己面臨太大的壓力，可以考慮求助於專業人員。**請教精神衛
生或醫療專業人員對你可能會有幫助**，他們可以完整的評估你所承受的壓力程
度，以及確定是否要透過諮商或其他精神方面的服務來解決問題。你可以尋求

這類的專業諮詢，看看專業人員是否能夠提供有關你所承受壓力的說明，並且提出合適的治療計畫。若專業人員有建議特定的治療，你最好照著做。在許多情況下，你可能需要個別心理治療、藥物依賴治療、夫妻治療、家族治療或藥物治療。

修正與你的小孩有關的價值觀及生活型態

許多哲學家及精神衛生專業人員認為生命有三個基本課題，分別是工作、娛樂和愛。父母經常太過於投入工作或是其他的活動，而疏忽了娛樂和愛。有時候父母基於需要而投注太多時間在工作上面，然而這種過度工作型態常反應出某種價值觀，這類父母常是高度渴望成功，或是較重視經濟和物質生活。如果人們沒有用娛樂（例如休閒活動、放鬆等等）和有機會享受愛（例如家庭關係、友誼等等）來平衡生活的步調，他們便會經常處在壓力之下，而且無法感到滿足。因此，要成為有效的父母，必須重視娛樂和愛，特別是對待他們的家人。在兒童發展的領域中普遍認為**父母需要提供量多且質精的時間來和小孩相處**，換句話說，父母必須創造更多的時間並且靈活運用來與小孩相處。

澄清個人的價值觀並決定那些活動最重要且值得花費最多的時間是一件很有幫助的事，接下來的練習有助於價值的澄清。首先，列出你認為重要而且值得花時間從事的活動，這個清單包含工作、整理家務、規畫房間陳設、跟小孩或配偶／伴侶相處的時間、自己獨處的時間、運動、玩樂器、研習課程、整理花園等等；其次，在第二頁將這些活動依你所認為的重要性排序，將最重要的寫在前面，依次排列，將愈不重要的放在後面；然後在第三頁再列出實際上你平均每週花費在這些活動的時間，你花費最多時間的活動列在最前面，依序是花費次多時間的活動，依此類推。**如果你和小孩相處的時間，列在你所認為最重要的活動前幾位，但實際上卻是目前你最無法做到的部分，那表示你正面臨一個困境**，你可能需要做些檢討，並且計畫如何花更多的時間來與孩子相處，第五章將會談到如何增加對小孩的參與。有時你別無選擇，必須長時間工作才能維持生計，若是這樣，你必須思考如何長期兼顧你的經濟收入和與小孩相處

的時間。

特定的壓力調適策略

面臨輕度至中度壓力的父母可以使用一些壓力調適的方法，這些方法雖然只是一般常識，但是當他們要開始培養這些技巧時，仍需要精神衛生專業人員從旁協助。

1.放鬆：透過各種不同的放鬆方法來放鬆你的身體，藉由專業書籍和精神衛生專業人員的協助，你可以有效地學到特別的放鬆策略。

2.從小孩及家人身上抽出一些時間：為你自己安排時間從事有興趣的活動，這可以幫助你恢復精神。你可能需要嫫姆的協助，或是父母輪流照顧小孩，讓其中一個人偶爾可以出去輕鬆一下。

3.把握和配偶／伴侶相處的時間（如果適用的話）：如果父母彼此有時間相處，而且沒有小孩在四周打擾，他們的關係將會獲得改善。

4.尋求社會支持：當父母感覺孤立或超出負荷時，如果能尋求家庭成員、鄰居或精神衛生專業人員的協助將會很有幫助，這些支持的力量包括找到嫫姆、與朋友及家人分享感覺、尋求他們的支援以及接受個別心理治療等等。

5.安排時間去參加喜愛的活動：藉著參加你所喜歡的活動可以讓自己的壓力減輕，例如排定時間欣賞一場音樂會、與朋友聚餐、和小孩到公園玩、看一場棒球賽等等。

6.培養良好的健康習慣：一般人普遍能接受，增加運動量、建立健康的飲食習慣、充足的休息和定期的放鬆可以改善一個人對壓力的調適能力。透過專業書籍及醫療人員的協助，可為你提供一套增進健康的計畫。

7.運用有效的問題解決技巧：如果你發現自己持續處理同一個問題，那麼運用問題解決策略對你會有幫助。在接下來的章節（第六章和第十章）中，我們將會討論家庭問題解決技巧以及如何訓練小孩使用問題解決技巧，父母可以從這些技巧中得到幫助。若想獲得有關如何改善問題解決技巧方面的更多資料，父母應該請教精神衛生專業人員。

8.**學習更正確及理性的想法**：壓力經常來自於我們如何看待我們本身、他人或生活事件，你可以學習如何重新評估和改變想法。在第四章中我們將把重點放在如何改變關於小孩和父母教養能力等想法，然而該章也有助於學習對自己用更理性的方式思考，在第十四章會討論如何幫助小孩用更正確和理性的方式來思考，你可能發現回顧第十四章的內容對你有幫助並確定那些相似概念對你是否有益。同樣的，藉著專業書籍和精神衛生專業人員的協助，你可以學習如何建立更正確和理性的想法。

9.**學習控制生氣**：當父母處理有行為問題的小孩時，經常會對配偶（伴侶）或他們的小孩發怒，所以學習控制生氣的情緒是有用的，第十一章將描述小孩的生氣管理，這些技巧也適用於父母，但是，如果你有嚴重的憤怒問題，你應該請教精神衛生專業人員。

10.**安排時間跟你的小孩相處**：安排時間跟你的小孩相處，以建立良好的關係，如果你可以具體安排這些時間，將可以減少相處上的困擾，第五章會提到如何增進對小孩的參與。

11.**參加父母支持團體**：我帶領父母團體有數年的時間，這些團體的重點在於技巧訓練，同時也允許父母去分享家中的爭端，並獲得其他成員的支持。許多父母回饋說，這些支持力量和分享經驗的機會非常有助益（有時候甚至比技巧訓練更有幫助）。如果你的小孩有嚴重且慢性化的行為問題，你將會從父母支持團體中得到幫助，你可以請教當地的精神衛生專業人員或社會服務機構是否在你的社區附近有類似的團體，在這本書的附錄中會列出父母支持組織的相關資料。

12.**計畫改變生活型態**：前面提到壓力管理的範例，其實涉及改變個人的生活型態，這需要許多的努力和計畫才能成功。一個有效的方法是，父母在每周日一起坐下來討論下週對壓力管理所安排的活動，舉例來說，父母可以安排共同出遊，母親可以安排在週四晚上拜訪她的姊姊，父親或母親可以安排一個早上做喜愛的運動等等。

13.**確實從事壓力管理**：如果你正在閱讀本書來幫助你的小孩，這是很好的意圖，**但除非你也注意自己的健康，否則很難真正協助你的小孩**。利用一些

時間照顧好你自己，你將會更有能力照顧好他們。

保持冷靜面對造成壓力的小孩

　　由於本書的重點在於如何教養困難的小孩，因此強調如何處理這類父母的壓力是一件很重要的事，父母經常因爲這些小孩感到非常憤怒或無法負荷，因此學習如何冷靜地面對這些孩子日復一日的問題是相當重要的。**保持冷靜面對造成壓力的小孩涉及覺察和控制你如何反應小孩所造成的壓力事件。**

　　與你的小孩互動時，試著更深地去覺察自己的身體、想法和行動。舉例而言，想像你正準備去參加一個宴會，而且必須立刻出發，但你的小孩動作卻是慢吞吞，這時你的身體可能感覺緊張（例如肌肉緊繃、心跳加速、呼吸急促等等），你可能開始出現一些沒有幫助的想法（例如「這可惡的小鬼！」「爲什麼我每天必須面對這些老問題？」「這次我一整年都不要理他了！」等等）或是做出一些對事情沒有幫助的行動（例如大叫、威脅、毆打等等）。列出經常發生在你和小孩身上典型的壓力事件，並寫下你的身體、想法及行動是如何反應。

　　保持冷靜的必要任務涉及面對教養的壓力時，學習控制你的身體、想法和行動，這意味著當處於來自小孩的壓力時，學習放鬆你的身體，思考有幫助的調適想法以及採取有效的行動。在本章最後面的「保持冷靜」圖表整理了一些技巧，你可以在小孩發生狀況時，利用這些技巧來控制你的身體、想法和行動，你可以將這個圖表貼在家中來提醒自己怎麼做。另外，讓你的小孩知道你正努力學習保持冷靜也是個好主意，因爲大部分有行爲問題的小孩需要從父母的身上學習標準的行爲。

重點摘要

1. 父母的壓力包括個人的壓力、婚姻／關係的壓力、教養的壓力和／或社會支持不足。

2. 如果個人的壓力過重或有明顯的婚姻／關係／家庭問題時，父母需要求助於專業人員。

3. 檢查一下在生活中你認為重要的活動與你實際從事的活動，必要時重新調整你的優先順序，並且儘量讓你的行為吻合你的價值觀。

4. 培養技巧和改變生活型態來調適壓力。

5. 當你的小孩造成你在教養上的壓力時，你必須學習一些技巧來控制你的身體、想法及行動反應。

我們要好好照顧自己

回到約翰和茉蒂：約翰及茉蒂在參加一個父母支持團體後，逐漸熟悉父母壓力管理的技巧。有一天，他們坐下來討論如何能更調適壓力，他們決定至少每個月兩次外出晚餐、看電影或從事其他喜愛的活動。約翰會為這每個月兩次的約會安排媬姆，同時他了解自己沒有應有的快樂，所以決定請教精神衛生專業人員。父母兩人決定輪流準備早餐、帶小孩上學等事情，這麼一來兩人就可以每隔一天輪流去運動。茉蒂感覺姊姊非常支持她，而且可以帶來許多的歡樂，所以決定每個月拜訪姊姊一次。他們也嘗試使用一些技巧來保持冷靜和莎拉相處，並且解決她所帶來的難題。在未來，他們希望壓力管理技巧能夠讓他們在管教方面變得更一致，並且幫助莎拉學得更為順從。

本 章 圖 表

保持冷靜

1. 辨識壓力——對壓力的「訊號」提高警覺。

身體訊號	想法訊號	行動訊號
‧吸吸／心跳加快	‧「可惡的小鬼！」	‧毆打
‧肌肉緊繃	‧「我不要再忍下去了！」	‧大叫／威脅
‧出汗增加	‧「我真是個沒有用的父母」	‧哭泣
‧臉色泛紅	‧「我沒辦法處理！」	‧發抖
‧身體發熱	‧「我討厭他」	‧退縮
	‧「我放棄了」	

2. 放鬆你的身體——深呼吸、先緊繃再放鬆肌肉、從一數到十等等。

3. 運用「調適性的自我談話」——範例包括如下：

- ‧「不要緊張」
- ‧「保持冷靜」
- ‧「不要讓它困擾你」
- ‧「放輕鬆」
- ‧「我可以處理得來」
- ‧「我會盡力而為」
- ‧「一切都會沒問題」

4. 採取有效的行動——離開現場、不要管它、到外面走走、試著找人討論、表達你的感覺、使用問題解決技巧等等。

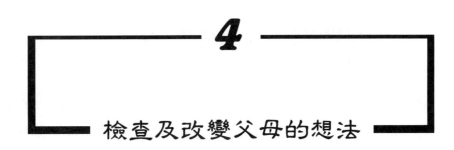

檢查及改變父母的想法

　　父母對小孩和對自己的想法會影響父母對待小孩的方式，進而影響到小孩的行為表現。有幫助的想法比較會帶來正向的親子互動以及小孩的正向行為，而習慣性的負面或不正確想法會導致相反的結果。本章的內容將會幫助父母了解想法是如何影響親子關係和小孩，同時提供一些意見幫助父母改變沒有幫助的想法。

沒有希望了

　　詹姆士和夏拉有一位十四歲的女兒，名叫譚雅，她一直以來就有很多問題。她的父母回憶自從幼稚園開始，譚雅就常在班上出現一些破壞性的行為，使得他們常常接到老師抱怨的電話或聯絡單。在家中，譚雅從出生後就讓父母很傷透腦筋，她已經看過一些心理治療師和精神科醫師，而且在學校中接受特殊教育課程。最近她常到處跑而很少在家，而且她也不告訴父母她要去那裏，做什麼事，或跟誰在一起。她曾逃學也經常晚歸，她的父母開始擔心譚雅是否已經學會喝酒。

　　有一個星期六晚上，譚雅又再度半夜未歸，詹姆士和夏拉正在聊天，他們同時感到相當地挫折。詹姆士說：「我放棄，我已經無能為力了，我們似乎再也管不住她了。」夏拉回答：「我覺得當父母當得很失敗，我們的家庭真是亂七八糟，而且譚雅變得越來越糟糕。」（這些是詹姆士和夏拉經常出現的想法。）

何謂對父母沒有幫助的想法？

　　許多精神衛生專業人員已經研究過父母的想法和親子互動問題之間的關係，結果發現**父母對小孩和對自己的想法會影響親子關係，也同時會影響小孩情緒／行為問題的發生**。傾向於使用嚴厲處罰管教的父母經常認爲小孩的行爲問題主要導因於小孩，他們並不了解他們本身的管教行爲或其他因素也會造成小孩的行爲問題。這些父母也經常期待小孩去做一些他做不到的事情，而當有了這種期待，但小孩卻做不到的時候，負向的親子互動因而產生。認爲自己沒辦法控制小孩行爲的這類父母，他們的小孩比較容易出現行爲問題；而只會一味責怪自己、責怪配偶／伴侶或學校人員的這類父母，常常沒有辦法採取有效的行動。基於這些理由，父母必須檢查他們自己的想法，而且在必要時改變自己的想法。

改變對父母沒有幫助的想法

　　父母可以改變對某些事情的想法。**改變對父母沒有幫助的想法包括三個階段：⑴找出沒有幫助的想法，⑵了解這些想法沒有幫助的本質，及⑶用比較有幫助的想法來反擊這些沒有幫助的想法。**

　　第一步是找出對自己沒有幫助的想法，你可以利用本章最後面的「對父母沒有幫助的想法」圖表做一個自我評估。下一步是了解這些想法沒有幫助的本質，你可以拿在圖表下方的問題問問你自己。

　　舉例而言，我們利用圖表下方的問題來檢查這個想法「我的小孩故意做這件事」，**這個想法沒有幫助的地方在那裏呢**？第一，你的小孩有可能是在不知不覺中犯下一些不良行爲；第二，你自己的教養行爲也有可能會造成小孩的不良行爲。如果你有上述想法，代表你可能沒有反省你自己對小孩行爲的影響，

而且即使這個想法是真的，你繼續這麼想會有幫助嗎？**這個想法會如何影響我對待我小孩的行為呢**？如果你假定你的小孩故意做出不良行爲，那麼你就比較會去責怪他，對他生氣，甚至處罰他。**跟著我的想法而來的行為會如何影響我的小孩呢**？如果你認爲你的小孩故意做出不良行爲，那麼你會經常責怪和處罰他，而這些都是在對他發出負面的訊息，他會比較容易責怪自己，而且你的行爲也是在告訴他說「他不夠好」，時間一久，你的行爲將會損害你小孩的自尊。針對其他所檢查到沒有幫助的想法，提出類似的問題來問問你自己。

　　一旦你了解這些沒有幫助想法的本質，你就可以將它們改變成有幫助的想法，在這方面，「反擊」技巧經常會很有用。**「反擊」涉及將你的想法用一種更有幫助的方式來重新思考**，你可以利用本章最後面的「對父母有幫助的『反擊』想法」圖表來達成這個目標。列在有幫助的圖表內的反擊想法直接對應到列在沒有幫助的圖表內的沒有幫助的想法。舉例來說，你可以利用第一條有幫助的想法來反擊第一條沒有幫助的想法。

　　仔細地檢查有幫助的反擊想法，並且將列在「對父母有幫助的『反擊』想法」圖表下方的問題拿出來問問你自己。如果你的回答傾向於有幫助的想法而非沒有幫助的想法，那麼事情就會出現轉機。

了解正常的兒童發展

　　檢查你對小孩的期待以及確定這樣的期待是否適當是很重要的事情。表 4-1 提供一些發展常模的指標，**先瀏覽一下兒童發展的四個主要方面，然後問問你自己是否過度期待小孩表現出一些超乎他正常發展的能力**。舉例來說，關於社交發展方面，你不能期待一個學齡前的兒童能夠了解別人的想法和感覺（例如「設身處地」），因爲這種能力要到小學年齡比較能夠表現出來。當你更熟悉兒童的發展常模以後，你就更能夠調整對你小孩的期望，讓它更能與小孩的實際能力互相吻合。

　　即使你的小孩已經到了應該達成某些行爲的年齡，他還是有可能不會做。

舉例來說，小學年齡的兒童照理說應該可以了解別人的想法和感覺（例如「設身處地」），但假如你有一個小學年齡的小孩，卻尚未具備這種技巧，在這種情況下，光只是期待他出現這種技巧將會對他造成傷害，因為你的小孩也許需要更多的教導才能學會這種行為技巧。之後的章節將會提供一些意見來幫助父母教導小孩各方面有用的技巧。

　　了解正常的兒童發展並且將小孩的問題看做是「發展遲緩」，對父母會有正面影響。在第一章我們曾討論過幾種障礙症，了解小孩是否患有其中一種分裂行為障礙症會有幫助，但若只視其為問題則會打擊士氣，而且也無法告知父母該怎麼做。**如果把你小孩的問題看做是發展遲緩，那就代表小孩有一天可能會「迎頭趕上」，同時也告訴了父母應該如何來幫助小孩**。舉例來說，不要只把你的小孩想成是注意力不足過動症或對立反抗症，你也應該同時把他想成是在自我控制發展方面有遲緩的現象，因為如果他是屬於發展遲緩，那麼教導一些技巧便有可能促進他的自我控制發展。

　　看看表 4-1 所呈現兒童發展的四個方面，再想想你的小孩是否在那些方面有遲緩的現象。舉例來說，你可以看看表 4-1 的自我控制發展那一欄，然後再決定你小學年齡的女兒是否仍然無法順從大人的要求（這個發展任務應該在學步期就已經完成）。如果是的話，那麼在嘗試更進一步的發展技巧之前，你最好先把重點放在這個發展任務上面，也就是說，你不應該期待你的小孩出現更進一步的自我控制技巧（例如問題解決技巧），除非他能夠先學會較早的技巧（例如順從大人的要求）。

表 4-1　兒童發展其中四個方面的發展任務

年　齡	自我控制發展	社交發展	學業發展	情緒發展
嬰兒期 (0～1歲)	以照顧者做為安全的基礎進而探索環境	依附主要照顧者；呈現社交微笑和哭泣	以照顧者做為安全的基礎進而探索環境	呈現基本的情緒
學步期 (1～3歲)	對來自大人的外在控制有反應；順從大人的要求	與照顧者分離，而與別人互動；以平行的方式跟別人遊戲	對世界充滿好奇	呈現較多複雜的情緒；透過行為和遊戲表達情緒
學齡前期 (3～6歲)	遵守規定；一邊遊戲一邊大聲說出來，或以此做為控制自己行為的一種方法	用互動的方式跟別人遊戲；跟別人合作；跟別人分享；幫助別人；跟別人競爭	調適自己以便能離開父母；發展對學習感到興奮的態度	用言語表達情緒；同情別人
小學時期 (6～12歲)	運用思考來指引自己的行為；培養簡單的問題解決技巧；管理衝動；培養對自己行為的覺察能力	了解別人的觀點；順從同儕團體的常規和標準；解決社交問題；公平地遊戲；結交的多是同性朋友	專心並且持續進行工作；將學校教的教材和課業加以組織化；開始培養特殊技能和興趣	克服害怕；調整強烈的情緒，例如生氣、挫折、焦慮、悲傷
青少年期 (12～20歲)	培養較複雜的問題解決技巧，並且對自己行為有更多的覺察能力	主要以成群結黨的方式互動；結交同性和異性朋友；逐漸脫離家庭	強化特殊技能和興趣；投入生涯規畫的準備工作	了解想法、行為和情緒三者之間的關係；對自己和世界有正確且理性的想法

注意：早期發展任務完成之後，仍然在後來的發展中持續運作。表中所列乃典型的發展階段，並不是所有小孩都會在相同年齡遇到所有的這些發展任務。

重點摘要

1. 對父母沒有幫助的想法會妨害你成為一位有效的父母。

2. 為了要改變對父母沒有幫助的想法，你必須找出經常出現的沒有幫助的想法，了解這些想法沒有幫助的本質，然後用更有幫助的想法來反擊沒有幫助的想法。

3. 對你小孩的期待應該要符合他的正常發展。先確定你的小孩目前在自我控制、社交、學業，和情緒等方面的發展情況，以便對你的小孩有更多的了解。

盡力而為

　　回到詹姆士、夏拉以及譚雅：突然間，詹姆士記得他曾讀過關於難纏小孩的父母想法，他了解到自己的想法無濟於事，於是他說：「親愛的，我們不能放棄，她是我們的女兒，我們必須不斷地嘗試。」經過長時間的討論，詹姆士和夏拉知道他們無法預測未來，但是如果他們不設法努力，那麼他們所擔心的事情終將到來。他們明白責怪自己於事無補，相反地，他們必須採取某些行動。在這個時候，詹姆士和夏拉開始思考不同的方式，以便接受管教譚雅這個困難的挑戰。

本 章 圖 表

⟞⟝ 對父母沒有幫助的想法 ⟞⟝

　　以下列出一些有行為問題小孩的父母常出現的想法，請你將每種想法看過一遍，然後標示出每種想法（或類似想法）在一個星期中出現的頻率如何。每個問題的答案無所謂對或錯，請用五點評分量表來幫助你回答這些問題。

1	2	3	4	5
一點也不	有時候	普通多	時常	總是

有關小孩的沒有幫助的想法

1. _____我小孩的行為簡直壞透了。

2. _____我的小孩故意做出不好的行為。

3. _____我們的家庭問題大多是由我的小孩所引起。

4. _____我的小孩只是想引起別人的注意。

5. _____我的小孩將來沒有希望，他長大後很可能變得不負責任，成為罪犯，或從中學輟學。

6. _____我的小孩應該表現得跟其他小孩一樣，我沒有必要容忍我的小孩。

7. _____我的小孩必須在學校、運動、童軍活動等方面都做得很好，我不能接受我的小孩在這些活動方面做不好。

8. _____我的小孩有許多問題，我的小孩跟其他小孩並沒有相處得很好等等。

有關自己／別人的沒有幫助的想法

9. _____我的小孩有問題是我的錯。

10. _____如果我不是這麼一個差勁的父母，我的小孩一定會比較好。

11. _____我的小孩會像現在這樣都是他／她（父母中另一位）的錯。

12. _____如果他／她（父母中另一位）不是這麼差勁的父親／母親，我的小孩一定會比較好。

13. _____我們的家庭真是一團亂。

14. _____在教養我的小孩時，我不能犯錯。

15. _____我放棄,我已經無能為力再幫助我的小孩了。

16. _____我無法控制我的小孩,我已經試過各種方式。

17. _____老師比我的小孩更有問題。

18. _____老師抱怨太多關於我小孩的事。

有關誰需要改變的沒有幫助的想法

19. _____只有我的小孩需要改變,如果我的小孩改變,我們每個人都會過得更好。

20. _____只有我需要改變,如果我改變,我的家庭會過得更好。

21. _____我的配偶/伴侶需要改變,如果他/她改變,我們都會過得更好。

22. _____老師需要改變,如果他/她改變,我們都會過得更好。

23. _____藥物最重要,藥物會改變我的小孩。

對評分為 3、4 或 5 的想法,你要問自己下面的問題:

1. 這個想法沒有幫助的地方在那裏?

2. 這個想法會如何影響我對待我小孩的行為?

3. 跟著我的想法而來的行為會如何影響我的小孩?

——— 對父母有幫助的「反擊」想法 ———

以下列出對父母有幫助的「反擊」想法，可以用來取代沒有幫助的想法。沒有幫助的想法第一題對應到有幫助的想法第一題，以此類推。請比較沒有幫助的想法和有幫助的想法之間的差異。

有關小孩的有幫助的想法

1. 我的小孩也有做得不錯的時候。
2. 誰的錯都沒關係，重要的是如何解決問題。
3. 造成問題的並不是只有我的小孩，我也有一部分責任。
4. 我的小孩有可能是要引起別人的注意。
5. 我不夠理性，我無法證明我的小孩會持續有問題，我要等到將來才會知道。
6. 我不能只是期望我的小孩靠自己就可以表現得很好，我的小孩需要別人教導他如何表現。
7. 我必須接納我的小孩，如果我的小孩在學校、運動、童軍活動等方面做不好，其實也沒有什麼關係，我必須去注意我小孩的優點。
8. 注意我小孩的優點而不是缺點或「失敗」，可能會更有幫助。

有關自己／別人的有幫助的想法

9. 出現問題並不只是我的錯，我的小孩也有一部分責任。
10. 責怪自己於事無補，我要把重點放在如何解決問題。
11. 責怪他／她（父母中另一位）於事無補，我們必須一起努力。
12. 誰的錯都沒關係，我要把重點放在如何解決問題。
13. 把家庭想成是一團亂於事無補，相反地，我們必須採取行動。
14. 我的小孩可能比其他小孩對父母更具挑戰性，因此我必然會犯錯，而我也必須接受我會犯錯這個事實。
15. 我必須教養我的小孩，我別無選擇，我必須想出新的方法來教養我的小孩。
16. 我無法控制我的小孩這種想法會助長問題的產生，其實有許多事情是在我的

控制之下，我必須想出辦法來教養我的小孩。

17. 誰的錯都沒有關係，我們必須合作，並且和老師共同努力。

18. 責怪老師於事無補，我的小孩對任何老師而言，可能都很難應付，我們必須和老師一起共同努力。

有關誰需要改變的有幫助的想法

19. 將我的小孩想成是唯一需要改變的人是沒有幫助的，我們所有人都必須改變。

20. 將我自己想成是唯一需要改變的人是沒有幫助的，我們所有人都必須改變。

21. 將我的配偶／伴侶想成是唯一需要改變的人是沒有幫助的，我們所有人都必須改變。

22. 將老師想成是唯一需要改變的人是沒有幫助的，我們必須一起努力。

23. 藥物會有幫助，但不能解決所有的問題，我們也必須很努力地去處理這些問題。

對於這些有幫助的想法，問你自己下面的問題：

1. 這個想法有幫助的地方在那裏？

2. 這個想法會如何影響我對待我小孩的行為？

3. 跟著我的想法而來的行為會如何影響我的小孩？

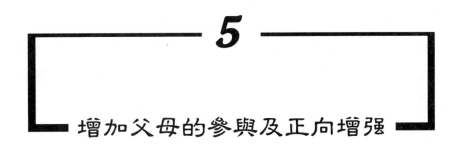

增加父母的參與及正向增強

　　父母必須和他們的小孩有親密的情緒聯結，並且提供他們許多的正向增強。父母的參與也是非常重要，也就是說，父母必須花時間和小孩相處，並且感覺和小孩「息息相關」，若是父母能夠做到這些，他們的小孩也會適應得比較好。本章將針對如何增加對小孩的參與及正向增強提供一些意見。

有時候好事沒有被注意到

　　瑪西是一位忙碌的職業單親媽媽，她的八歲兒子卡洛斯是一個過動兒。瑪西的生活相當耗費體力，她有太多事情要做——工作、家事、出差等等，瑪西偶爾也需要閱讀或跟朋友外出，以便能夠休息放鬆。

　　對卡洛斯而言，時間似乎不夠用，他獨自在家中到處做一些玩耍、畫圖或閱讀之類的事，瑪西有太多事情要做，以致於常常沒有注意到他。瑪西有時候會要求卡洛斯去做一些家事，例如整理他的房間或清洗碗盤，但是卡洛斯總是「拖拖拉拉」，很少將事情做好。瑪西總會一再地嘮叨，要求他將這些事情做好，兩人常常因為做家事的問題陷入許多權力爭奪和衝突當中。瑪西認為他們兩人有太多的爭論和不滿，她也發覺到自己並不想要花太多時間陪卡洛斯。

何謂參與及正向增強？

　　兒童與家庭的專家們普遍認為，父母的參與對小孩的心理發展是非常重要

的，也就是說，父母必須要花時間陪小孩，並且培養親子之間的情感聯結。但是，父母常常會感覺自己不夠參與，而且跟小孩在情感上很疏離，特別是當小孩有一些行為問題，而每次和他們相處總是不愉快時，更會有這種感覺。儘管如此，你必須知道**親子之間的不參與和情感疏離會使小孩和家庭問題更加惡化**。

　　正向增強涉及在小孩出現「良好」行為的時候給予特別的注意或一些額外的東西。有一些研究觀察有行為問題小孩的家庭和沒有行為問題小孩的家庭之間的差異，發現在有行為問題小孩的家庭中，父母注意小孩的中立和正向行為比注意負向行為來得少，在沒有行為問題小孩的家庭中則相反。**對良好行為的正向增強和小孩的良好表現之間顯然是相關的**。雖然很難知道其因果關係，（也就是說，究竟是父母的正向增強導致小孩表現良好，或小孩表現良好換來更多父母的正向增強？）不過兩者之間確有相關。許多治療者強調在親子治療中，建立良好的親子關係並幫助父母提供更多的正向增強是非常重要的事情。

安排正向的活動

　　安排正向的活動可以用來增加參與和改善正向親子互動，安排正向的活動需要父母花時間陪小孩一起做一些**由小孩引導的活動**，而在這段特別的時間內，父母可以做一些**增進親子關係的行為**。目標是將參與活動融入日常生活當中，並且在這些活動中改變父母的行為，以便和小孩建立良好關係。這個計畫要透過四步驟程序來完成，若能和你的小孩坐下來討論，並且共同完成這四個步驟，效果將會是最好。儘可能集思廣益，一起來努力。

步驟一：列出活動

　　儘可能地列出你和你的小孩都喜歡，而且可以在三十分鐘內一起完成的活動，讓你的小孩選擇活動。

可能有用的活動範例如下：

・散步	・投接球	・打保齡球
・騎腳踏車	・一對一打籃球	・隨性的活動
・玩遊戲	・聊天	・玩積木或模型
・玩小汽車／洋娃娃	・開車兜風	・燒菜／烤點心

步驟二：安排和小孩的「約會」

　　每週安排兩個或更多個三十分鐘約會，在這段時間內，你和你的小孩可以共同投入上述的一個或更多個活動（寫下日期和時間）。要確定你和你的小孩都同意這個時間，而且在日曆上面做記號。如果有突發狀況導致你無法和小孩約會，就必須重新安排另外的時間。

步驟三：在活動中修正父母的行為

　　在活動過程當中，**讓小孩來「引導」遊戲或活動，你只要試著做出一些反應性的行為就可以了。**當你的小孩在引導遊戲或活動時，**試著增加讚美、描述，和觸摸等行為。**

這些行為的範例如下：

1. **讚美**——在活動過程中對小孩做口語上的增強。
   ・「那麼做看起來很好」
   ・「你做得很好」
   ・「好男孩」
   ・「好女孩」
   ・「好棒！」
   ・「看起來很好」

2. **描述**——在活動過程中描述小孩正在做什麼、小孩現在有什麼感覺、小孩正在經驗什麼、小孩的位置在那裏等等。

- 「你在看這些玩具」
- 「你接到球了！」
- 「你看起來很高興！」
- 「你躲起來了」
- 「你好像很生氣」
- 「你好像在想事情」

3. **觸摸**——在活動過程中和小孩的正向身體接觸。

- 擁抱
- 親吻
- 觸摸肩膀
- 輕拍頭部

在和你的小孩互動時，**盡量避免或減少發問、命令和批評。**

這些行為的範例如下：

1. **發問**——在活動過程中父母中有人詢問小孩他正在做什麼、為什麼他要這樣做等等。

- 「你為什麼要丟球？」
- 「我們來玩遊戲好不好？」
- 「你為什麼看起來這麼生氣？」

2. **命令**——在活動過程中父母中有人告訴小孩該做什麼。

- 「把這些洋娃娃放在房子裏面」
- 「來搖骰子」
- 「你來打擊，我來投球」
- 「跟我一起去散步」

3. **批評**——在活動過程中父母中有人批評小孩的行為。

- 「那樣做不對」
- 「我教你怎麼做才對」
- 「下次努力一點」

・「你應該這麼做才對」

　　試著用這種方式和你的小孩互動，你會發現，當你用上述三種正向的教養行為對待他時，他會心存感激並且有所回應，而當你用上述三種負向的教養行為對待他時，他會變得不高興或有些緊張。這並不意謂著父母永遠不要發問、命令或批評小孩，而是在說和小孩相處的正向活動時間內，這些行為是不必要的，同時也是沒有幫助的。

步驟四：評估活動的效果

　　活動結束之後，和你的小孩一起討論並分享彼此對於共渡時光的觀察和感覺，將會有所助益。儘量主動傾聽你的小孩想要說的話，並且儘可能提供一些正向增強給你的小孩。

　　試著做幾星期看看，好讓「事情進展得順利」。經過這段時間之後，你和你的小孩在遊戲或在特別的活動時間當中就會更自然且更自動地用正向的方式彼此互動。

特別談話時間

　　每個小孩都會因父母「積極地傾聽」他說話而受益，特別談話時間的目的在於和小孩談論有關他正在經歷的一些事。在這段特別的交談時間內，**目標要完全放在小孩的身上，並且努力去了解小孩的感覺**，你可以問一些問題，但是首要目的仍在於創造一種讓小孩覺得自由的交談氣氛，以便他能夠將放在心中的事情通通告訴你。儘量讓你的小孩談談他最近在做些什麼事、他對什麼事感到興趣、他的感覺如何、還有他最近遭遇到的問題以及他最近的成功經驗。

　　和你的小孩一起安排特別談話時間，這樣可以確保交談時間能夠真正落實。每天例行性地利用晚餐的時間或是上床前的時間詢問小孩這些事情，是一個很

好的方式。

隨時從旁協助以及從事特別活動

　　為了要真正地參與，你必須讓小孩知道當他有需要的時候，你會在一旁協助他，只要你是真正地參與，小孩在有需要的時候自然會找你幫忙。**很重要的是，你必須很努力地參與小孩的活動和興趣**，例如參加老師會議、觀看小朋友的聯盟比賽、參加舞蹈發表會等等。藉著這些行動，你可以讓小孩知道你正積極地參與他的生活。

　　偶爾從事一些特別用來建立關係的活動也是很有幫助，花較長的一段時間和小孩一對一相處，可以幫助你達到這個目標，例如你可以和小孩一起外出用餐、一起參加週末營或安排一個短程的旅遊，這些活動可以提供一些機會，讓你用來建立和加強親子關係。

注意小孩的正向行為

　　令人驚訝的是，當小孩表現良好的時候，父母經常沒有特別去注意。事實上，只要多去注意小孩的正向行為，不但能夠增加小孩的正向行為，同時也能夠改善親子關係。父母可以使用一個很簡單的方法來注意小孩的正向行為，並確保小孩能夠知道他自己被父母注意到了。

　　「優良行為箱」有助於確認小孩的正向行為。你可以在家中的檯面、冰箱、桌子或其他方便的位置上面放置一個箱子，並且標明為「優良行為箱」；當你注意到你的小孩出現正向行為時（例如分享、安靜坐著、幫忙做家事等等），立刻拿出一張紙，寫下你所看到的正向行為，然後將紙丟入箱中，同時告知你的小孩；在每天睡覺之前，花一些時間和你的小孩共同回顧箱中所有的紙張，要確定你的小孩知道你有在注意他的正向行為，而且，透過這種做法，你的小

孩會愈來愈常去覺察到那些正向行為。

用父母自我監督及目標設定來增加增強

　　如同前面所述，父母通常比較會去注意小孩的負面行為而較少注意正向行為，因此和小孩也有比較多的負向互動。父母通常都知道這麼做不好，但卻無力改變。要多去增強小孩的正向行為並忽略小孩的輕度負向行為，常需要父母付出許多額外的努力，父母可以透過自我監督及目標設定的程序來幫助自己更加覺察自己的行為。**父母自我監督及目標設定涉及父母學習觀察自己的行為，並且設定目標來改變自己的行為。**

步驟一：列出所要增強的正向目標行為

　　列出你要多去增強的小孩正向行為，但是要確定你的小孩做得到這些行為，你所列出的正向目標行為應該是你的小孩常出現的問題行為之相對行為。

所要增強的正向行為範例如下：

- 傾聽並遵從父母的命令
- 和手足分享
- 從事靜態活動
- 自動收拾玩具
- 表達感覺
- 解決問題
- 做家庭作業

步驟二：決定你要如何增強正向目標行為

　　列出你要用來對小孩的正向行為做反應的行為，但是這些行為必須是你自

已做得到，而且對你的小孩具有正向增強作用，問你自己是否小孩會喜歡你的反應。

父母的正向增強行為範例如下：

- 讚美
- 觸摸
- 微笑
- 陪小孩聊天
- 陪小孩玩遊戲
- 描述小孩正在做的事

步驟三：列出所要忽略的小孩負向行為

列出你所要忽略的小孩輕度負向行為。

小孩的輕度負向行為範例如下：

- 不高興
- 發牢騷
- 發小脾氣
- 生氣時用力關門
- 口出怒言
- 生氣時丟玩具

步驟四：決定你要如何忽略小孩的輕度負向行為

你的反應要是自動地去忽略這些輕度的負向行為，忽略意謂著你要停止對小孩的所有注意，你可以把頭轉開、走開等等。

步驟五(a)：實施正式的父母自我監督及目標設定程序

你可以使用本章最後面的「父母自我監督及目標設定」圖表，來鼓勵小孩的正向行為以及忽略小孩的輕度負向行為。使用這些圖表和程序可以幫助你達成兩個任務：首先，你能學習去辨識出小孩的正向行為，並且增強這些行為，舉例來說，你可以試著觀察小孩和手足分享的情況，並且用讚美來做反應；再者，你能學習去辨識出小孩的輕度負向行為，並且忽略它，舉例來說，你會觀察到小孩在發牢騷，並且用忽略來做反應。這兩個任務要能夠完成，有賴於你和你的小孩在自然的互動情境中一點一滴地做精細的行為修正。

你可以同時使用上面討論過的步驟一至四所提供的資料和「父母自我監督及目標設定」圖表，你也應該遵守圖表的使用說明。安排一段特定的時間來運用這個圖表（例如星期六早上八點至十二點）。如果必要，在不同日子裏可以改變圖表上的目標行為。儘可能地經常使用這個圖表，直到你有更好的自我監督能力並且已經達成你的目標。

當父母完成「父母自我監督及目標設定」圖表時，有些父母會讓小孩看這份圖表。你可以將圖表掛在冰箱（或類似的地方）上面，以便提醒自己，然後讓小孩觀察你所記錄的情況，這樣子會幫助一些小孩瞭解你正在努力做改變。

步驟五(b)：實施非正式的父母自我監督及目標設定程序

假如你認為實施正式的父母自我監督太過困難，你可以用非正式的方式來做，不過在做之前，你仍須閱讀前面正式程序的段落，以便對原理和方法有更多的了解。

非正式的父母自我監督及目標設定的基本主張仍然是增加父母對正向行為的正向增強以及忽略輕度負向行為，因此你仍須做到上面段落所提到的步驟一至四，而步驟五(b)的完成則靠大理石！將三顆（也可以更多顆）大理石放在你的一個口袋內，每次你摸到口袋，大理石會提醒你去注意和讚美你的小孩。在

每次讚美你的小孩之後，將一顆大理石拿出來並放入另一個口袋內。一旦你將所有的大理石都放到另一個口袋時，就表示達成目標。至於忽略，試著能夠更加覺察，並且不要對輕度行為問題做出反應。

關於小孩的價值澄清

鼓勵你重讀第三章有關小孩的價值澄清那個段落，父母必須重視小孩大部分其他方面的生活，才能真正參與小孩的生活。

增強

本章主要在討論為了改善親子關係和小孩行為，父母該如何增強小孩。在管教小孩以及教導小孩新的技巧方面，增強也是扮演一個重要的角色。的確，如果要能夠充分運用本書其他章節討論的管教技巧或建立技巧的程序，父母必須先有效地使用增強來幫助小孩發展一些新的行為。到目前為止，本書只討論到增強的一般概念，以下會呈現一些特別的意見，討論在管教和訓練小孩時應該如何選擇增強物。

選擇增強物的第一個步驟就是**詢問你的小孩那些東西對他具有增強作用**，在本章最後面的「增強的參考意見」圖表可以提供一些意見，你可以和小孩一起檢視這份圖表，但無論如何，你們一定要共同討論有關增強物的部分，而且要確定這些增強物能夠鼓舞你的小孩，並符合他的興趣。不過，同等重要的是要**確定這些增強物是你真正能夠給予小孩的東西**。

增強物必須有所變化，因為小孩對於同一種增強物會覺得無聊厭倦。運用增強菜單可以讓增強更有變化，這個方法涉及想出一些增強物（最好是十到十五種增強物），然後將它們寫在紙上，當作是增強菜單。菜單中也可以有神秘增強物，也就是小孩在收到增強物之前不知道是什麼東西，這種方法對大部分

小孩都很有鼓舞作用。一旦小孩的行為符合要求時，他就可以從增強菜單中選擇一種增強物。假如小孩希望得到較大的獎賞（例如錄音機、音樂會等等），那麼你可以運用代幣制，也就是讓小孩每天賺得一些代幣，用來換取日後較大的獎賞。你可以參考本章最後面的「範例：增強菜單」圖表，好讓你想出更多的好主意。

增強物不一定都是「額外」給予的，你也可以取消小孩原本享有的權利，然後讓小孩去「賺回來」。舉例來說，如果電視遊樂器對小孩具有增強作用，那麼父母可以取消這項權利，然後要求小孩遵守某些行為要求以便賺回打遊樂器的時間。對小孩來說，讓他去賺回一些習以為常的權利是相當具有增強作用的方法。

盡可能強調社會增強物和特權增強物，而不是物質增強物。物質增強物（例如玩具，汽車、錢等等）常會日久失效而且代價昂貴。如同前面所述，許多小孩會因父母更多的參與而獲益，因此當父母用時間和活動來增強小孩時，這種方式本身就很有增強作用，同時也能促使父母有更多的參與。

在增強物選定之後，一定要讓小孩知道他必須做什麼才能得到增強物。在第七章到第十四章所討論的許多程序都很清楚地說明小孩必須做什麼才能得到增強物。小孩必須要非常了解行為和增強物之間的對應關係。

重點摘要

1. 高度參與小孩的生活並且時常給予小孩正向增強的這類父母，比較會教養出良好行為的小孩。

2. 安排正向的活動會增加父母對小孩的參與。盡可能和你的小孩一起從事一些由小孩引導的特殊活動，並且在這些活動過程中增加讚美、描述和觸摸行為，以及減少命令、發問和批評行為。

3. 運用父母自我監督及目標設定讓自己更能覺察小孩和自己的行為，而這種覺察能夠幫助你學習更常去增強正向行為，並忽略輕度的負向行為。

4.在選擇正式的增強物管教小孩或做技巧訓練時，你必須聽聽小孩的意見並且
　要利用增強菜單。

變得逐漸參與

　　回到瑪西和卡洛斯：瑪西決定要採取行動來扭轉情勢，她決定每週挪出幾
次的時間做為她和卡洛斯共度的「特別時間」，並且要運用非正式的自我監督
及目標設定。她把卡洛斯獨自的遊戲活動設定為她要去注意和讚美的目標行為，
同時她也要儘量參與他的學校生活和體育活動。在瑪西和卡洛斯對彼此感覺更
好之後，瑪西決定要實施一些不同的管教技術。

本章圖表

∞⚫∞ 父母自我監督及目標設定 ∞⚫∞

父 母 姓 名：＿＿＿＿＿＿＿＿＿＿＿＿＿＿＿＿＿＿＿＿＿＿＿＿＿

小 孩 姓 名：＿＿＿＿＿＿＿＿＿＿＿＿＿＿＿＿＿＿＿＿＿＿＿＿＿

日期和時間：＿＿＿＿＿＿＿＿＿＿＿＿＿＿＿＿＿＿＿＿＿＿＿＿＿

說明：寫下你要去注意／增強的小孩正向行為以及你會如何反應，也寫下你要
　　　去忽略的輕度負向行為。使用這個圖表時，要事先設定一段時間。每次
　　　使用這個圖表之後，用五點量表對自己評分，以便評估事情的進展。

我要去注意和增強的小孩正向行為

1. **當我的小孩出現（正向行為）**＿＿＿＿＿＿＿＿＿＿＿＿＿＿＿＿＿

   我將會（正向反應）＿＿＿＿＿＿＿＿＿＿＿＿＿＿＿＿＿＿＿＿＿

2. **我完成目標的程度如何？**（圈選一個）

1	2	3	4	5
一點也不	一點點	還好	相當好	非常好

我要去忽略的小孩輕度負向行為

3. **當我的小孩出現（輕度負向行為）**＿＿＿＿＿＿＿＿＿＿＿＿＿＿＿

   我會忽略它。

4. **我完成目標的程度如何？**（圈選一個）

1	2	3	4	5
一點也不	一點點	還好	相當好	非常好

❧❧ 範例：父母自我監督及目標設定 ❧❧

父母姓名：　瑪西

小孩姓名：　卡洛斯

日期和時間：　星期二放學後到睡覺前

說明：寫下你要去注意／增強的小孩正向行為以及你會如何反應，也寫下你要
　　　去忽略的輕度負向行為。使用這個圖表時，要事先設定一段時間。每次
　　　使用這個圖表之後，用五點量表對自己評分，以便評估事情的進展。

我要去注意和增強的小孩正向行為

1. 當我的小孩出現（正向行為）　與妹妹分享

　　我將會（正向反應）　讚美

2. 我完成目標的程度如何？（圈選一個）

1	2	3	④	5
一點也不	一點點	還好	相當好	非常好

我要去忽略的小孩輕度負向行為

3. 當我的小孩出現（輕度負向行為）　發牢騷

　　我會忽略它。

4. 我完成目標的程度如何？（圈選一個）

1	2	③	4	5
一點也不	一點點	還好	相當好	非常好

～❧　增強的參考意見　❧～

1. 最喜歡的點心

2. 最喜歡的正餐

3. 特別的零食

4. 小玩具

5. 運動器材

6. 唱片／錄音帶

7. 租特別的錄影帶

8. 房間的擺設裝潢

9. 給予關心

10. 讚美

11. 集郵活動

12. 特殊權利

13. 在房間內擁有私人時間

14. 看某些電視節目的特權

15. 延後上床

16. 和朋友一起吃晚餐或一起過夜

17. 和父母中一人有特別的相處時間

18. 看電影

19. 聽音樂會

20. 短程旅遊

21. 觀看運動比賽

22. 露營

23. 旅行

24. 參加聚會

25. 用來交換增強物的代幣

注意：所給的獎賞必須是小孩有興趣，而且父母真正給得起的。

❦❧ 範例：增強菜單 ❦❧

對一個八歲小孩

_____一天中看兩小時電視

_____一天中打兩小時電視遊樂器

_____跟母親散步三十分鐘

_____跟父親一對一打籃球三十分鐘

_____睡前吃特製的小點心

_____跟父母一起騎腳踏車三十分鐘

_____父親準備一餐小孩喜歡的食物

_____讓小孩邀請一位朋友來共進晚餐

_____每天得到一個代幣，累積五個代幣可以換一場電影

_____每天得到一個代幣，累積七個代幣可以跟父母中一人外出釣魚一天

_____神秘禮物

對一個十六歲小孩

_____上面所列出的其中許多項仍然有用

_____多一天開車的權利

_____晚歸三十分鐘

_____延長使用電話三十分鐘

_____每天得到一個代幣，累積五個代幣可以換一場音樂會

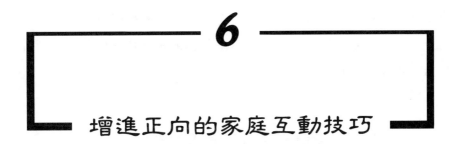

增進正向的家庭互動技巧

有許多家庭的家庭成員大部分都是用負向的方式彼此互動。本章會談論到家庭互動技巧，譬如溝通、問題解決技巧和生氣／衝突管理。本章所有的概念也可以應用到婚姻關係上面，但是八歲以下的小孩可能無法從本章所描述的活動中獲益。

你為什麼總是要那樣做？

史提夫和瑪莎有一個十四歲的兒子名叫麥克。在一個上學日的晚上十點鐘，麥克外出超過他晚上九點鐘該回家的時間，等到他終於回家之後，出現了下面的對話：

史提夫（生氣並大吼）：「你知道現在幾點了嗎？我們已經告訴過你多少次要在九點以前回來？」

麥克（顯得很煩並提高聲調）：「其他的人都可以在外面待得比我更晚，為什麼我就不行？你們不公平。」

瑪莎（生氣並使用堅定的語氣）：「我們已經告訴過你很多次要在九點以前回來，如果你沒有在九點以前回來，你就不能準時上床，一旦你太晚睡，你就得不到充足的睡眠。況且，我們又不確定你在什麼地方，我們很想知道你究竟在做什麼，而且我們也不認為像你這樣年紀的小孩在晚上九點以後還可在外面逛。你知道嗎？當我還是你這個年紀的時候，我必須要比你更早回家，你比我當時還擁有更多的特權，要是我父親規定我回家的時間，我那敢不遵守。你再這麼搞的話，將來一定會發生更嚴重的問題。」

史提夫（對麥克提高聲調）：「我受夠了你在家裏面引起這麼多的問題。」

麥克（很生氣）：「我也受夠你們了，你們真他媽的不公平。」

瑪莎：「你看看，你又來了，你以為你真能夠逞威風嗎？我告訴你，你最好像樣點，年輕人！」

何謂家庭互動問題？

難怪有些家庭無法正向地一起互動或是有效地處理問題。溝通技巧不好的家庭經常會彼此責怪、貶低或是不懂得傾聽等等；問題解決能力不好的家庭會重複用沒有效的方式來解決同樣的問題。這些家庭也很難去化解彼此的生氣和衝突，他們常會去擴大彼此的生氣行為，有時候甚至會大吼或是發生肢體衝突。經常出現這種互動型態的家庭比較容易教養出有情緒和／或行為問題的小孩。

家庭溝通技巧

家庭溝通是基本的家庭互動技巧，許多處在壓力下的家庭傾向於用模糊語句、責怪彼此、不斷嘮叨、不願傾聽、中斷彼此談話、貶低彼此、大吼、離題等方式來溝通，**良好的溝通技巧是解決家庭問題和化解家庭衝突的必備條件。**

步驟一：向家人介紹家庭溝通技巧

為了要向家人介紹溝通技巧，你必須安排一個全家人都在場的聚會，這個聚會的時間要每一個人都方便，而且千萬不要討論特定的問題，要讓每一個在場的人都覺得跟彼此在一起感覺很好，同時先不要用這些技巧去化解大問題。

影印一張本章最後面的「家庭溝通技巧」圖表給每一位家庭成員，每一個人必須詳細地看過一遍。首先討論「不要做的事」，要求每一個人做自我評估，

來決定那些「不要做的事」適用在自己身上，只要這個聚會的氣氛維持在正向，家庭成員可以彼此回饋他們看到其他成員所出現特定的「不要做的事」。接著有必要讓每一位家庭成員找到一、兩件「要做的事」，並且承諾在改善家庭內的溝通時，他們會努力完成這一、兩件事。通常，所選擇的「要做的事」就是每一位成員認為自己最常出現「不要做的事」的相反行為。（這個圖表的設計就是用「不要做的事」來對應於「要做的事」。）

步驟二：練習家庭溝通技巧

　　讓家庭成員輪流示範和角色扮演「不要做的事」和「要做的事」等例子將會大有幫助。舉例來說，你可以角色扮演像下面例子中的「長篇大論」或「說教」方式：「我叫你收拾房間的時候，你一定要記得去做，如果你現在不開始學習收拾，你這一輩子就會變成髒鬼，如果你不懂得整理自己的話，你就無法找到工作、結婚或是組成一個家庭。當我還是你這個年紀的時候，我父母總是要求我收拾乾淨，而我從來沒有給他們添過任何麻煩……」接下來，針對同一個問題，你可以示範用一種簡短但直接的方式表達：「我要你立刻去收拾房間。」哥哥可能示範沒有認真傾聽的樣子，譬如身體往後坐、雙臂交叉、眼睛看著旁邊等等，接下來哥哥可以示範良好的傾聽，譬如身體向前傾、給予回饋、有充分的眼神接觸等等。理想上，每一位家庭成員要輪流用類似的方式練習「不要做的事」和「要做的事」，而且在練習特定技巧時，要鼓勵家庭成員彼此指導修正。

　　剛開始練習的時候要正式一點，而且用在中立或簡單的問題情境上面，家庭可以利用另外的聚會，或是很自然地運用這些溝通技巧，來解決一個簡單的問題。如果所有家人手上都有「家庭溝通技巧」圖表可以討論的話，將會有所幫助，討論的中立或簡單的問題，如晚上看什麼電視節目、計畫每一位家庭成員在放學／下班後如何參與手足之間的棒球比賽或是母親表達她今天晚上想要做的事。每一位家庭成員都要練習溝通技巧，而且要回饋給彼此關於「不要做的事」和「要做的事」，同時家庭成員要儘量練習這些技巧，直到他們真正學

會為止。

　　家庭可以嘗試將一場家庭討論的過程錄音或錄影下來，在錄的時候，家人練習運用溝通技巧來討論一個簡單的主題。必要時，將帶子倒帶做複習，並且學習如何進一步改善家庭的溝通。

步驟三：將家庭溝通技巧運用在真實生活中

　　在家人已經練習並且學會了溝通技巧之後，就可以嘗試運用這些技巧來解決較困難且「真正」的問題。同樣地，在討論的時候，如果每一位家人手上都有「家庭溝通技巧」圖表的話，將會很有幫助。比較困難且真正的問題，如家庭作業、家中的規定、何時回家、父母對小孩成績的關心、小孩對父母所訂規定的關心等等。

　　在此提供幾點其他建議來幫助家人學習溝通技巧。其中一個建議是將「家庭溝通技巧」圖表影印張貼在家中方便取得的地方，舉例來說，將圖表張貼在冰箱或告示板上面會很有幫助。另外，因為許多家庭成員會運用溝通技巧一段時間之後就忘記使用，所以要定期地回顧和討論這些溝通技巧，以便讓進步持續下去。（請參考本章較後面的「一起運用所有的家庭互動技巧」段落。）

　　本章最後面的「努力完成家庭溝通目標」圖表也可以用來協助將溝通技巧運用在真實生活中。每一位家庭成員寫下一兩件在溝通中他們會儘量增加的「要做的事」，並且設定一段全家人同意使用這個圖表的時間（例如星期二下午五點到八點），然後在設定的時間結束前，每一位成員自我評估他們達成目標的程度如何，而成員們也可以回饋他們觀察到彼此努力的成效如何。不同的目標應該設定在不同的日子來完成，而且你應該儘可能地多多運用這個程序來改善你的家庭溝通。

家庭問題解決技巧

當家庭成員無法解決每天發生的問題時，這個家庭必定是有問題，而有困難的家庭常常重複被相同的問題搞得一團亂，他們很難將問題確認出來，而且不斷地重複同樣的事情，他們偶爾會想到解決方法，但是從來不會真正去運用這些方法。家庭問題解決技巧的目標就是要幫助家庭定義問題、想出替代的方法、思考所有解決方案的可能後果、選擇解決方案以及真正有效地運用解決方案。不過，**在嘗試家庭問題解決技巧之前，家庭若能先培養良好的家庭溝通技巧的話，會更有幫助。**

步驟一：向家人介紹家庭問題解決技巧

如同家庭溝通技巧訓練一樣，第一個步驟就是舉行一次聚會，時間要每個人都方便，而且在聚會中要讓每個人都感覺很好，同時不會被特定的議題所困擾，而你可能要在聚會中充當協調者。

接下來影印一張本章最後面的「家庭問題解決技巧」圖表給每個人，家庭成員應該要討論他們認為他們的家庭目前在家庭問題解決技巧的表現如何，也要決定是否要一起努力改善家庭問題解決技巧，然後家庭成員要複習所有的步驟，要將每一個步驟都討論清楚，並且確定每個人都了解各個步驟的目的。

步驟二：練習家庭問題解決技巧

在介紹過家庭問題解決技巧之後，家庭成員必須練習將技巧用來解決較為中立或簡單的問題。剛開始先解決一個假設性的問題，譬如你的家庭要如何來用掉剛得到的一萬元抽獎獎金，接下來再去解決一些真實生活中的簡單問題，譬如決定晚餐要吃什麼、晚上要去那裏逛街或是要看什麼電視節目等等。

建議你和你的家人以正式的方式來練習家庭問題解決技巧，並且運用本章最後面的「家庭問題解決技巧作業單」。這張作業單要求家庭將家庭問題解決過程的每一個步驟都寫下來，舉例來說，運用「家庭問題解決技巧作業單」來解決如何用掉剛得到的一萬元抽獎獎金這個問題。之後再運用這張作業單來解決其他的家庭問題。

如同家庭溝通技巧一樣，最好將家庭在運用家庭問題解決技巧時的情況錄音或錄影下來，如此一來，家庭就可以回顧帶子來給彼此一些建設性的回饋，並且共同學習改進一些技巧。

步驟三：將家庭問題解決技巧運用在真實生活中

最後一步就是運用家庭問題解決技巧來處理真實生活中困難的問題，而且在討論這些困難的議題時，最好每位家庭成員手邊都有「家庭問題解決技巧」圖表。很重要的是家庭成員要一次一個步驟地小心完成每一個步驟，同時在解決這些問題時，家庭成員要先能夠運用良好的溝通技巧。（請參考本書較後面的「一起運用所有的家庭互動技巧」段落。）

有關家庭問題解決技巧要注意的一件事情：**確定你的小孩能夠了解並不是所有的爭端都可以用協商和家庭問題解決技巧來處理**，父母仍然負有管理監督之責，並且對某些議題具有否決權，因為在這些議題上面，父母知道怎麼做對小孩最好。

家庭生氣／衝突管理

家庭溝通和問題解決技巧對家庭生活是必備的條件，不過總會有些時候家庭的衝突太多了，以致於無法運用這些有用的技巧，然而，這反而使得解決這些經常引發衝突的問題更為重要。在這種情況下，家庭一定要先將家庭溝通和問題解決技巧運用在中立和簡單的問題上面，**另外一個方法就是將溝通和問題**

解決技巧與家庭生氣／衝突管理技巧合併使用。

步驟一：向家人介紹家庭生氣／衝突管理技巧

　　同樣地，為了完成這些目標，最好有一次家庭聚會，而你必須扮演協調者的角色。

　　家庭要做的第一個任務就是去辨識一些「訊號」，這些訊號顯示出家庭成員正在生氣，並且有太多的衝突。要確定每個人都了解辨識家庭衝突訊號的重要性，因為如果你無法辨識生氣或衝突，你就無法解決這些問題。在這方面，你要先複習生氣／衝突訊號的三種不同的型態：(1)身體反應，(2)想法，和(3)自己／別人的行動。而且當家庭在儘量舉出這幾種訊號型態的例子時，每一位家庭成員都應該積極參與討論，若能有某個人充當紀錄，將大家所想出來的訊號範例寫下來的話，對家庭會更有幫助。

能夠討論到的一些訊號包括下面的例子：

身體訊號	想法訊號	行動訊號
·呼吸速度加快	·「他快讓我瘋掉了」	·提高音量
·心跳速度加快	·「我討厭他！」	·生氣的臉部表情
·流汗增加	·「我真希望他死掉！」	·生氣的身體姿勢
·臉色泛紅	·「我要打他」	·貶低的言詞
·肌肉緊繃	·「我真希望他搬離	·中斷別人談話
·聲調提高	開這個家」	

　　在家庭成員已經學會辨識生氣／衝突之後，他們必須學習如何處理它。有許多的策略可以用來處理生氣／衝突，其中最有用的策略就是雙方先分開，並且「暫停」。這裏所指的暫停和教導小孩順從所用的暫停意義有些不同（請參考第七章），這裏所指的暫停是讓家庭成員彼此分開一段時間「冷靜下來」，而且家庭成員都必須事先同意當任何一個人發覺有太多的生氣／衝突時，都可以叫暫停。暫停就是將家人分開一段事先協定的時間（例如五或十分鐘），當

家庭成員分開的時候，他們各自練習處理自己的生氣和挫折，方法包括有深呼吸、緊繃後放鬆肌肉以及對自己大聲說出「調適性的自我陳述」（例如對自己說「我不要讓他打敗我」、「我要儘量再試試看，並且保持冷靜」、「我儘量用不同的方式來讓他了解我的意見」等等）。

在家庭成員已經處理好自己的情緒，同時暫停的時間也到了之後，他們就回來一起運用家庭溝通和問題解決技巧，再一次解決原來引發衝突的問題。

本章最後面的「家庭生氣／衝突管理」和「讓家庭冷靜下來」圖表總結了剛剛討論的所有程序，在解決問題和處理家庭生氣／衝突時，每一位家庭成員最好都有這些圖表協助他們了解處理的狀況。

步驟二：練習家庭生氣／衝突管理技巧

如同前面所述，在將這些技巧用在困難的問題之前，你最好先練習將這些技巧運用在中立和簡單的問題上面。為了達成這個目的，你可以跟家人做一些角色扮演的活動，演出一些「假設性」的衝突情境，而且所有的家庭成員都應該一起努力練習所有的技巧。

步驟三：將家庭生氣／衝突管理技巧運用在真實生活中

在所有家庭成員都已經學會這些技巧之後，他們就可以運用在真實生活中的生氣／衝突事件上面。當生氣／衝突出現的時候，要儘量運用生氣／衝突管理技巧，過程中可能會發生困難，不過儘量一步一步地完成每一個步驟。在家庭已經冷靜下來之後，儘量運用家庭溝通和問題解決技巧來解決原來引發生氣／衝突的問題。將「讓家庭冷靜下來」圖表張貼公告出來，以便讓家庭成員在處理衝突時有所依據，如此對整個過程將會有所幫助。

一起運用所有的家庭互動技巧

　　雖然我們是將所有的家庭互動技巧分開來討論，事實上，這些技巧通常要一起運用。當每個人嘗試著解決手邊的問題時，你要將本章最後面的幾張圖表張貼公告出來，或是影印給每一位家庭成員。

協調者

　　要成功地運用家庭互動技巧的另一個建議，就是要有一位協調者。舉例來說，假設母親和小孩有爭論，父親便可要求他們坐下來，並且運用家庭互動技巧來解決問題，在解決問題的時候，父親可以給其他人一些回饋。不過，在嘗試利用協調者這個方法之前，要先確定每個人都同意這個方法。

家庭聚會

　　家庭聚會涉及將家庭成員聚集在一起努力化解家庭問題，最好能夠安排持續固定的家庭聚會（例如星期日傍晚時間做聚會）來討論家庭關心的一些議題。另一種策略是在問題和／或衝突出現時，召開臨時家庭聚會來解決。

道歉和分析

　　這個部分很難做，畢竟舊習慣很難打破，而且你的家人剛開始對這種事情也不在行。即使在發生激烈的衝突後，最好還是從頭複習家庭互動技巧。假如發生問題之後，有人能夠道歉，家庭成員能夠分析剛才究竟發生什麼事，那麼家人便可以從事件當中學得教訓。事情進行得不順利不代表就要放棄家庭互動技巧，相反地，你應該計畫如何在將來讓你的家人能夠更順利地運用家庭互動

技巧。

重點摘要

1. 在溝通、解決持續的問題和處理衝突方面有困難的家庭，比較容易教養出有行為和情緒問題的小孩。
2. 你必須學習確認在你的家庭溝通中所使用的破壞性方式，並且用建設性的溝通方式來取代它們。
3. 你必須學習確認問題、想出替代的解決方案、評估替代的解決方案以便決定何種方案對所有（或大部分）家庭成員最好，以及將最好的解決方案用來解決家庭問題。
4. 你必須學習辨識衝突何時出現，然後冷靜下來，再使用家庭溝通和問題解決技巧來降低家庭的衝突。
5. 試著同時使用三種家庭互動技巧。

我們要解決問題

重頭講一遍史提夫、瑪莎和麥克的故事：史提夫和瑪莎有一個十四歲的兒子名叫麥克。在一個上學日的晚上十點鐘，麥克外出超過他晚上九點鐘該回家的時間。等到他終於回家之後，出現了下面的對話：

史提夫（堅定的口氣）：「你晚回來了，你應該在九點以前回來才對，你晚回來了一小時。」

麥克：「其他的人都可以在外面待得更晚，為什麼我就不行？你們不公平。」

瑪莎（堅定的口氣）：「麥克，你知道你應該在九點以前回來才對。」

史提夫：「好了，討論這件事情太棘手了，我們暫停十分鐘再討論。」

麥克（諷刺的口氣）：「啊，算了吧！你們一定是在開玩笑！」

瑪莎：「麥克，我們以前已經同意要一點一滴地儘量解決我們的問題，所以照你爸爸所說暫停十分鐘，再回來一起討論這件事。」

　　麥克（不情願）：「好吧。」

　　在十分鐘的休息當中，史提夫走到外面做一些深呼吸，瑪莎思考如何用建設性的方式將自己的想法表達給麥克知道，同時麥克在客廳看電視。

　　史提夫：「我們在解決這個問題時，要練習溝通技巧，我們把『家庭溝通技巧』圖表拿出來看一看。」

　　麥克：「我們真的要這樣做嗎？」

　　瑪莎：「來嘛，我們試試看，在討論這件事的時候，我們儘量運用『要做的事』。」

　　這個家庭接下來就運用家庭溝通技巧來討論這個問題。

本　章　圖　表

⟳⟳ 家庭溝通技巧 ⟳⟳

「不要做的事」

- 長篇大論或「說教」
- 責怪（例如「你不要再做＿＿＿」、「那是你的錯」等等）

- 模糊的表達（例如「像樣一點」、「閉嘴」、「我不喜歡那樣」等等）
- 問負向的問題（例如「你為什麼總是要那樣做？」「我要告訴你幾遍？」）

- 沒有認真傾聽，總是看著旁邊、沈默不答、雙臂交叉等等
- 中斷別人談話

- 沒有檢查自己是否真正了解別人的意思
- 貶低（例如「你沒有用」、「我討厭你」等等）、威脅等等

- 大聲說話、尖叫等等
- 諷刺
- 轉移話題
- 舊事重提
- 言行不一致的溝通（例如說「我愛你」的時候，卻生氣地用一隻手敲桌子）

「要做的事」

- 使用十個字以內的簡短句子表達
- 使用第一人稱表達（例如當＿＿＿時，我覺得＿＿＿）或是為自己的行為負責

- 使用直接而特定的表達（例如「不要取笑你妹妹」）
- 使用直接而特定的表達（例如「不要取笑你弟弟」）

- 主動地傾聽，保持眼神接觸、身體姿態向前、點頭等等
- 在表達自己意見之前，讓每個人都充分表達他的想法

- 給予回饋或重述別人對你所說的話

- 有建設性的表達（例如「我很關心你的成績」、「我覺很困擾，我們談談好嗎？」等等）

- 使用中立／自然的聲調
- 將你的意思特定而直接地說出來
- 保持一個話題
- 專注在此時此地發生的事
- 言行一致的溝通（例如說「我愛你」的時候，臉上保持笑容）

- 將感覺藏在心底
- 對別人呈現不高興、敵對的臉部表情
- 「讀心術」或認為自己知道別人在想什麼

- 適當地表達感覺
- 對別人呈現適當的臉部表情
- 真正傾聽別人的觀點，並且發問以確定你自己了解別人的意思

努力完成家庭溝通目標

姓名：＿＿＿＿＿＿＿＿＿＿＿＿＿＿＿＿＿＿＿＿＿＿＿

日期與時間：＿＿＿＿＿＿＿＿＿＿＿＿＿＿＿＿＿＿＿＿＿

說明：在下面寫出你在家庭溝通中所要努力完成的事。設定一段時間來使用這個圖表，並在每次設定時間結束前，評估你完成目標的程度。若能得到別人（家庭成員等）回饋有關他們認為你完成目標的程度，對你將會有所幫助。

家庭溝通中「要做的事」

1. 我正在努力增加：

2. 我完成我目標的程度如何？（圈選一個）

1	2	3	4	5
一點也不	一點點	還好	相當好	非常好

家庭成員的回饋（選擇性的）

3. 家庭成員認為我完成我目標的程度如何？（圈選一個）

1	2	3	4	5
一點也不	一點點	還好	相當好	非常好

❦❦❦ 範例：努力完成家庭溝通目標 ❦❦❦

姓名：__史提夫__

日期與時間：__星期三下午四點到九點__

說明：在下面寫出你在家庭溝通中所要努力完成的事。設定一段時間來使用這
個圖表，並在每次設定時間結束前，評估你完成目標的程度。若能得到
別人（家庭成員等等）回饋有關他們認為你完成目標的程度，對你將會
有所幫助。

家庭溝通中「要做的事」

1. 我正在努力增加：

使用簡短的句子表達

中立／自然的聲調

2. 我完成我目標的程度如何？（圈選一個）

1	2	3	④	5
一點也不	一點點	還好	相當好	非常好

家庭成員的回饋（選擇性的）

3. 家庭成員認為我完成我目標的程度如何？（圈選一個）

1	2	③	4	5
一點也不	一點點	還好	相當好	非常好

❦⦿❧ 家庭問題解決技巧 ❦⦿❧

1. 停！我們現在有什麼問題？

・儘量避免責怪自己或別人

・重點放在家庭成員是如何一起互動並引發問題

・明確地表達問題之所在，並取得共識

2. 我們可以使用那些方法？

・儘可能地想出所有的變通方法

・不要評估或批評任何家庭成員的意見

・在想出所有儘可能的變通方法之前，不要討論單一的解決方法

3. 我們可以使用的**最好**方法是什麼？

・想想看家庭使用每種變通方法之後會發生什麼狀況

・考慮每種變通方法會引起每位家庭成員什麼樣的感覺

・決定何種方法最可能會成功，並且讓大部分的家庭成員覺得不錯

・儘可能獲得大多數或全部家庭成員的同意

4. 實行這個方法

・家庭盡最大努力去嘗試這個方法

・不要批評或說「我早告訴過你要這麼做了」

5. 我們的方法有效嗎？

・評估這個方法

・判定是否每個人都滿意用這種方式解決問題

・假如這個解決方法沒效，便重複一次整個家庭問題解決技巧的過程

注意：**將重點保持在此時此地發生的事情**，在實行家庭問題解決技巧的過程中
　　　不要舊事重提。

⊷⊶ 家庭問題解決技巧作業單 ⊷⊶

說明：當家庭想解決一個問題時，家庭成員一起完成這個表格，並針對想要解
　　　決的問題回答下列每個問句。

1. 我們現在有什麼問題？共同決定目前的家庭問題，並寫下來。

2. 我們可以使用那些方法？寫下所有你可能想得到的方法，並讓每位家庭成員
　集思廣益。

3. 我們可以使用的最好方法是什麼？選擇一個最有可能成功並且讓大部分或全
　部家庭成員覺得不錯的方法，並寫下來。

4. 實行這個方法。確實寫下在實行這個方法時，整個家庭要做些什麼，而且要
　寫得特定而仔細。

5. 我們的方法有效嗎？寫下這方法是否有效，也寫下例如你如何知道它有效或
　沒效。

家庭問題解決技巧評分（圈選一個）

1. 我們全然沒有使用家庭問題解決技巧

2. 我們嘗試使用家庭問題解決技巧，但沒有效

3. 我們努力地嘗試，並完成家庭問題解決技巧的所有步驟，但沒有真正使用這
　個方法去解決問題

4. 我們努力地嘗試，完成家庭問題解決技巧的所有步驟，並且使用這個方法去
　解決問題

範例：家庭問題解決技巧作業單

說明：當家庭想解決一個問題時，家庭成員一起完成這個表格，並針對想要解決的問題回答下列每個問句。

1. 我們現在有什麼問題？共同決定目前的家庭問題，並寫下來。

   我們要租什麼錄影帶？麥克要租一卷「限制級」影片，但是史提夫和瑪莎不要家中任何人租「限制級」影片

2. 我們可以使用那些方法？寫下所有你可能想得到的方法，並讓每位家庭成員集思廣益。

   (1)租限制級影片(2)不要租任何影片(3)租大家都能接受的影片

3. 我們可以使用的最好方法是什麼？選擇一個最有可能成功並且讓部分或全部家庭成員覺得不錯的方法，並寫下來。

   租一部大家都能接受的影片

4. 實行這個方法。確實寫下在實行這個方法時，整個家庭要做些什麼，而且要寫得特定而仔細。

   我們要列出所有可能的影片，然後一部一部討論，直到找出一部大家都可以接受的影片為止，在討論中我們不能批評別人的選擇

5. 我們的方法有效嗎？寫下這方法是否有效，也寫下例如你如何知道它有效或沒效。

   我們選了一部大家都喜歡的影片

家庭問題解決技巧評分（圈選一個）

1. 我們全然沒有使用家庭問題解決技巧
2. 我們嘗試使用家庭問題解決技巧，但沒有效
3. 我們努力地嘗試，並完成家庭問題解決技巧的所有步驟，但沒有真正使用這個方法去解決問題
4. 我們努力地嘗試，完成家庭問題解決技巧的所有步驟，並且使用這個方法去解決問題

❦❧　　家庭生氣／衝突管理　❦❧

1. **辨識生氣／衝突**——每位家庭成員都要學習辨識自己或別人是否已經生氣得無法進行有效的問題解決技巧和溝通。家庭成員要覺察一些破壞性的生氣「訊號」，例如說話大聲、生氣的臉部表情、破壞性的溝通、生氣的想法、呼吸和／或心跳加快、出汗增加和／或肌肉緊繃等等。

2. **處理生氣／衝突**——家庭事先協議當發覺有破壞性的生氣／衝突時，他們會採取事先取得共識的暫時休息方式來處理（例如分開十分鐘）。每位家庭成員嘗試透過放鬆、深呼吸或使用「調適性的自我陳述」來處理生氣（例如「我要儘量保持冷靜」、「我要想出更好的方法來讓他了解我的意見」等等）。

3. **建設性的問題解決技巧和溝通**——家庭團結一致，儘量利用家庭問題解決技巧和溝通技巧來解決衝突。家庭成員儘量在表達自己讓別人了解時，表現得更加自我肯定卻又不具攻擊性。

⤐⤏⤐ 讓家庭冷靜下來 ⤐⤏⤐

1. 我們太生氣了嗎？

2. 短暫分開以便冷靜下來

3. 回來一起解決問題

第二篇 幫助父母增進小孩技巧的指導方法

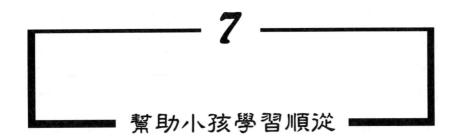

讓小孩傾聽和服從大人的指導是非常重要的。為了使小孩能夠順從，父母經常使用從自己父母身上學來和／或由自己嘗試錯誤學來的方法，但這些方法往往行不通，而且常使親子關係更加惡化。本章將會描述和小孩不順從相關的問題，以及父母該如何改善這種狀況。

你就不能照我的話去做嗎？

丹尼是一位單親爸爸，他扶養一位十歲大的女兒名叫雪碧。他經常抱怨無法讓雪碧服從去做任何一件事，他必須一遍又一遍交代她去做「符合她年齡可以做」的簡單事情。丹尼不知道要求一個十歲女孩每天收拾床鋪以及完成家庭作業是否算是期待太高，但是他發現自己和雪碧的互動關係愈來愈差。他總是必須對她嘮叨，她才能做好自己的事。她經常爭辯不休、頂嘴，並且將她的問題諉過於他。他們時常陷入嚴重的權力爭奪當中，並且對彼此大吼大叫。

何謂小孩的不順從？

父母交代小孩去做某些事情而小孩沒去做就是不順從。不順從可以從兩部分來定義，一部分是小孩被交代做某件事（父母的部分），另一部分是小孩沒有去做他被交代的事（小孩的部分）。**父母和小孩都必須做改變才能增加小孩的順從性。**

　　小孩不順從可能是父母最常抱怨的話題。研究指出兒童時期嚴重的不順從行為若始於發展的早期而持續至兒童中期，會與青少年及成人期的違法及反社會行為有著極大的關聯。這不意謂著學步期或學齡前兒童出現正常的不順從行為日後就會有問題，但是假如不順從行為未獲適當處理而且持續存在，那麼將來可能會有麻煩。

　　小孩不順從通常和家庭的衝突有關。父母常想讓小孩順從，他們便會陷入權力爭奪，不久便會展開一場雙方全力以赴的爭鬥。處理家庭衝突的其中一種方法便是解決由小孩不順從所引起的相關問題。

　　不順從的小孩非常有挑戰性，而父母可能缺乏有效的技巧來管教他們，並且幫助他們學會順從。這些父母經常大叫，前後態度不一致，使用無效的命令，屈服於小孩的倔強行為，有時會過度控制或使用體罰，而這些方法有時不小心會增強了問題行為。父母和小孩常掉入權力爭奪當中，雙方都想「贏」過對方。假如小孩時常獲勝，那麼行為問題將會愈來愈嚴重。

順從性訓練

　　父母最能體會即使只是一件簡單的要求，有時要獲得小孩的順從卻是有很大的困難。教養實務研究已指出**父母可以修正一些行為來增加小孩的順從性**。

步驟一：發出有效的命令

　　如同前面所述，不順從的定義是指小孩被交代做某些事而沒做，因此反省你自己交代小孩的方式是否會造成小孩不順從，對你將會有幫助。

　　看過下列各種下命令的方式，再想想你自己最常用那一種方式：

　　1. *模糊的命令*（Vague command）：用模糊的方式告訴小孩他該做的事（例如「像樣一點」、「閉嘴」等等）。

　　2. *疑問式的命令*（Question command）：提出問題，企圖獲得小孩的順

從（例如「是否可請你撿起你的玩具」）。

　　3. 說理式的命令（Rationale command）：向小孩解釋為何他必須順從（例如「你現在必須將衣服穿上，因為如果你沒有這麼做，我們約會就會遲到」）。

　　4. 多重的命令（Multiple command）：交代小孩同時去做許多事情（例如「撿起你的玩具、收拾床舖、洗手、然後吃晚飯」）。

　　5. 重複式的命令（Frequent command）：一次又一次向小孩重複相同的命令。

　　6. 特定、單步驟的命令（Specific, one-step command）：使用十個字或更少字的命令（例如「把你所有玩具放在架上」）。

　　模糊、疑問式、說理式、多重以及重複式的命令和小孩的不順從有關聯，應避免使用這些命令。模糊的命令無法精確地告訴小孩他應該做的事情。疑問式的命令行不通，因為它提供小孩一個可選擇順從或不順從的機會。說理式的命令也有問題，因為小孩會提出理由反駁而不願順從命令（例如「我們還有很多時間，我們不會遲到」）。小孩要配合多重的命令常有困難，因為命令過程中有太多步驟，常會讓他們覺得困惑。重複式的命令沒有效果，因為小孩慢慢會知道父母下達第一次命令時，他們不順從沒有關係。

　　十個字或更少字的特定且單步驟的命令和小孩的順從有關聯，因為特定的命令能夠精確地告訴小孩他應該做什麼。為了讓特定的命令能夠發揮最大效果，你應該只命令一次。當你希望你的小孩能順從要求時，你應該給予特定且單步驟的命令。

步驟二：使用有效的警告

　　光是運用特定的命令和增強順從行為有時不足以獲得不順從小孩的合作，因此使用有效警告和輕度的處罰便顯得重要。**提出警告的最好方式是以「如果……，就……」的句型來表達。**舉例來說，若小孩拒絕將他的玩具撿起來放在架上，父母可以說「**如果**你不將你的玩具撿起來放在架上，你**就**會（得到輕度的處罰）」。「如果……，就……」這種句型的表達能夠很清楚地告訴小孩不

順從的後果，不過很重要的是，**你只能警告一次**。只要你堅持只警告一次，你的小孩終究會了解如果他不想受到處罰，就必須順從你對他提出的警告。提出警告之後，在真正處罰前，大聲地從一數到五，對你可能會有幫助。

步驟三：小孩順從就給予正面後果，不順從就給予負面後果

　　如果小孩順從你的命令或警告，就給予他增強，增強的方式可以是讚美或是具體的增強，例如額外的權利或代幣等等。如果你的小孩因順從而得到增強，將來他比較可能會再度順從。（若想知道更多有關如何增強小孩的資料，請參考第五章的「增強」段落。）

　　如果小孩不順從你的命令或警告，就給予他輕度的處罰。有效的輕度處罰應該是用來教導和告知小孩的負面後果。只要持續地實施，輕度處罰通常很有效。有效的輕度處罰例子包括坐在椅子上或站在走道上幾分鐘，以及失去某些權利等等。

步驟四：保持冷靜

　　保持冷靜並且避免陷入因企圖增加小孩的順從性而引起的權力爭奪是一件非常重要的事。在增進順從性時，應該儘量用一種自然而不情緒化的方式來進行，同時避免過度生氣或挫折。如果你能夠保持冷靜，就能夠降低權力的爭奪，而且也比較能成功地來促進你小孩的順從行為。（若想知道更多有關如何保持冷靜的資料，請參考第三章的「保持冷靜面對造成壓力的小孩」段落。）如果你跟你的小孩之間變得太火爆，這時你應該走開，整理自己的情緒，等到你的小孩也比較冷靜的時候，再一起回來嘗試解決。

步驟五(a)：對小學早期年齡的小孩實施特定的順從性訓練程序

　　對小學早期年齡的小孩實施的增強程序涉及使用本章最後面的「以獎賞促進傾聽及服從」圖表。在使用圖表時，當你的小孩順從，就畫上笑臉，若不順從就畫上哭臉，而獎賞的給予取決於小孩的順從行為是否多於不順從行為（請參考「以獎賞促進傾聽及服從」圖表的說明）。小孩在得到笑臉之後可以得到立即的增強，而且在一天或一週結算之後，如果他得到的笑臉多於哭臉，那麼他就可以再獲得具體的增強（請參考第五章的「增強」段落）。

　　在本章最後面的「暫停」圖表描述對小學早期年齡小孩的不順從行為實施輕度處罰的程序，這個程序涉及發出命令，接著提出警告，然後施以後果（輕度處罰），最後再重述原來的命令（細節部分請參考「暫停」圖表）。

　　你最好同時使用「以獎賞促進傾聽及服從」圖表（為了增強服從）和暫停（為了輕度處罰不順從），如此一來，你的小孩便有機會因順從而得到增強，也會因不順從而受到輕度處罰。當你的小孩不順從你的命令和警告時，便在「以獎賞促進傾聽及服從」圖表中畫上一個哭臉，並且施以暫停。你必須持續使用這些程序，直到你的小孩變得更順從為止。**有時候你必須花費數天、數週或甚至數月才能幫助你的小孩變得更加順從，不過千萬別放棄**，只要你持續努力，終會達到目標。

　　在本章最後面的「傾聽及服從」圖表可以用來提醒你的小孩有關你對他的順從性的期待，以及若他不能順從，後果將會如何。當你希望小孩傾聽和服從時，你可以利用「傾聽及服從」圖表來提醒他注意。

　　這個段落提到如何使用幾種圖表，可能會讓你覺得有些困惑，要留意的是，「以獎賞促進傾聽及服從」圖表和「傾聽及服從」圖表是給小孩用的，當然你也可以使用。「暫停」圖表是用來提醒你遵循暫停程序的基本步驟。

　　在實施這些程序之前，你應該跟你的小孩一起檢視這些圖表，將這些圖表解釋給他聽，並且告訴他接下來你會怎麼做，若能夠用角色扮演的方式來讓他

知道不順從的後果的話，將會很有幫助。

步驟五(b)：對小學晚期年齡的小孩和青少年實施特定的順從性訓練程序

　　對小學晚期年齡的小孩和青少年實施的增強程序涉及使用本章最後面的「父母的要求」圖表。它跟「以獎賞促進傾聽及服從」圖表的做法有些類似，也就是說你先對小孩／青少年發出一個特定且單步驟的命令，接著，如果他順從，便在當天的「是」那一欄劃記得分，如果他不順從，便在當天的「否」那一欄劃記得分（請參考第五章的「增強」段落）。

　　對這個年齡層小孩的輕度處罰涉及使用本章最後面的「以取消權利處理不順從」圖表所提到的步驟。如同暫停一樣，這個方法涉及發出命令並給予警告，不過，當小孩不順從時，並非施以暫停，而是以取消權利當做輕度處罰（細節請參考「以取消權利處理不順從」圖表），最後再重述原來的命令。

　　「父母的要求」圖表和「以取消權利處理不順從」圖表中所討論的程序可以一併使用，當你的小孩／青少年不順從你的命令或警告時，便在「父母的要求」圖表中「否」那一欄做記號，並且取消一個權利。你必須持續使用這些程序，直到你的小孩／青少年變得更順從為止。**你可能必須花費一段長時間才能夠增加這些較年長小孩的順從性，所以你必須堅持下去才能奏效。**

堅持下去

　　在經過適當的執行之後，本章所討論的程序都能夠很有效地來改善小孩的順從性，而且**只要你持續地堅持下去，成功必將到來。**這些程序之所以會失敗，常是因為父母只是偶爾使用這些方法或是太早放棄。你必須要有心理準備，因為你可能必須花費數週或數月才能改善小孩的行為。**有時候在你使用這些方法之後，剛開始小孩的行為反而變得更加惡化**，此時千萬不要氣餒。重點在於避

免陷入與小孩的權力爭奪，同時要讓你的行動為你自己說話。只要堅持下去，你終將會達成目標。

重點摘要

1. 兒童期的高度不順從與青少年時期及成人期的違法及反社會行為有著極大的關聯性。

2. 為了獲得小孩的順從，你必須使用特定且單步驟的命令，然後給予警告，接著，若小孩能夠順從就給予增強，若不能順從就給予輕度處罰。

坐而言不如起而行

回到丹尼和雪碧：丹尼決定嘗試一些不同的新方法來和雪碧共同努力。他知道「坐而言不如起而行」，同時他也決定要使用一些行為管理的技巧。他利用「以獎賞促進傾聽及服從」和「暫停」兩種方法來改善雪碧的順從性。他和雪碧也為「以獎賞促進傾聽及服從」圖表設計了一個增強菜單，並且獲得兩人的同意。丹尼下定決心要一直利用這些方法來改善雪碧的行為。

本 章 圖 表

～⁓◎ 以獎賞促進傾聽及服從 ◎⁓～

姓名：_____

日期：_____

說明：當你的小孩不順從時，要求他「傾聽及服從」，若他可以傾聽並且服從，
　　　就在「是」的那一欄下面畫一個笑臉，若無法做到，則在「否」的那一
　　　欄下面畫一個哭臉。每天總計笑臉及哭臉，若笑臉多於哭臉，則在下面
　　　的空格中畫上笑臉，反之則畫上哭臉。每週結算在空格內的笑臉和哭臉。

星期一		星期二		星期三		星期四		星期五		星期六		星期日	
是	否	是	否	是	否	是	否	是	否	是	否	是	否

今天是否笑臉多於哭臉呢？

若獎賞是以每天為單位，那麼上面空格是笑臉時，就給小孩一種獎賞。

獎賞是_____

若獎賞是以每週為單位，那麼就每週結算一次，若空格內的笑臉總數多於哭臉，
就給小孩一種獎賞。

獎賞是_____

❧✦❧ 範例：以獎賞促進傾聽及服從 ❧✦❧

姓名：　_雪碧_

日期：　_星期五_

說明：當你的小孩不順從時，要求他「傾聽及服從」，若他可以傾聽並且服從，
　　　就在「是」的那一欄下面畫一個笑臉，若無法做到，則在「否」的那一
　　　欄下面畫一個哭臉。每天總計笑臉及哭臉，若笑臉多於哭臉，則在下面
　　　的空格中畫上笑臉，反之則畫上哭臉。每週結算在空格內的笑臉和哭臉。

星期一		星期二		星期三		星期四		星期五		星期六		星期日	
是	否	是	否	是	否	是	否	是	否	是	否	是	否
☺	☹	☺	☹	☺			☹	☺		☺		☺	☹
☺			☹					☺		☺		☺	
☺								☺					

今天是否笑臉多於哭臉呢？

☺	☹	☺	☹	☺	☺	☺

若獎賞是以每天為單位，那麼上面空格是笑臉時，就給小孩一種獎賞。

獎賞是　_從增強菜單中選取_

若獎賞是以每週為單位，那麼就每週結算一次，若空格內的笑臉總數多於哭臉，
就給小孩一種獎賞。

獎賞是　_從增強菜單中選取_

❦❧　暫停　❦❧

1. 對小孩提出一個要求。表達此**要求時要簡短清楚**，以便能精確地表達出對小孩的期望，不要發問、建議或用請求的方式。

2. 給予一個警告。如果小孩不遵守這個要求，你就要向他提出警告，而且是以「**如果……，就……**」的句型來表達。警告應該清楚簡短，例如「如果你不（要求的內容），你就必須坐在椅子上暫停一段時間」。在進入下一個步驟前，先從一數到五，這對你會有幫助。

3. 暫停。如果在五到十秒後，小孩仍不順從，便立刻將他帶至預先準備好的暫停場所，並要求小孩安靜地坐在椅子上，然後計時二到五分鐘（父母需判斷多少時間較適當，且每次暫停時間相同）。**如果小孩離開座位或表現得很搗蛋，父母應警告小孩暫停的時間是從他安靜地坐下後開始計算**。如果這樣做仍無法見效，父母可以進一步取消其應享權利做為代價，例如提早三十分鐘上床；如果小孩能夠安靜地坐著，則重新開始計時。

4. 暫停之後。要小孩遵守要求，如果他仍然不順從，則重複以上步驟。

注意：**若小孩有太嚴重的反抗或肢體衝突，則應停止使用暫停**。你可以試試本書提到的其他意見或方法，或是請教精神衛生專業人員。

❧❧　傾聽及服從　❧❧

1.

　　命令—特定且單一的步驟：「我要你去
……」

2.

　　警告—如果……，就……：「如果你不
（命令的內容），就（暫停）」

3.

　　暫停—坐在椅子上面並且開始計時

傾聽及服從

1.

命令—特定且單一的步驟：「我要你去
……」

2.

警告—如果……，就……：「如果你不
（命令的內容），就（暫停）」

3.

暫停—坐在椅子上面並且開始計時

❧❧ 傾聽及服從 ❧❧

1.

命令—特定且單一的步驟：「我要你去
……」

2.

警告—如果……，就……：「如果你不
（命令的內容），就（暫停）」

暫停—坐在椅子上面並且開始計時

3.

⚜️ 傾聽及服從 ⚜️

1.

命令—特定且單一的步驟：「我要你去……」

2.

警告—如果……，就……：「如果你不（命令的內容），就（暫停）」

3.

暫停—坐在椅子上面並且開始計時

❧❧ 父母的要求 ❧❧

姓名：＿＿＿＿＿＿＿＿＿＿＿＿＿＿＿＿＿＿＿＿＿＿＿＿＿＿

日期：＿＿＿＿＿＿＿＿＿＿＿＿＿＿＿＿＿＿＿＿＿＿＿＿＿＿

說明：對你的小孩發出一個清楚、特定且簡短的命令，如果他能夠服從你的命
　　　令，就在當天的「是」那一欄劃記，如果他不能服從你的命令，就在當
　　　天的「否」那一欄劃記，然後遵循本圖表下方的獎賞說明所提出的方式
　　　來給獎賞。

	星期一	星期二	星期三	星期四	星期五	星期六	星期日
是							
否							

每日劃記得分：

「是」的得分是否多於「否」？

　　　　＿＿　＿＿　＿＿　＿＿　＿＿　＿＿　＿＿

假如是每天給獎賞的話，那麼如果當天得到的「是」多於「否」，你就必須給
小孩／青少年一種獎賞。

獎賞是：＿＿＿＿＿＿＿＿＿＿＿＿＿＿＿＿＿＿＿＿＿＿＿＿＿＿

假如是每週給獎賞的話，那麼如果在一週內每日劃記得分中的「是」多於
「否」，你就必須給小孩／青少年一種獎賞。

獎賞是：＿＿＿＿＿＿＿＿＿＿＿＿＿＿＿＿＿＿＿＿＿＿＿＿＿＿

❦⟪❦⟫ 範例：父母的要求 ❦⟪❦⟫

姓名： <u>雪碧</u>

日期： <u>星期五</u>

說明：對你的小孩發出一個清楚、特定且簡短的命令，如果他能夠服從你的命令，就在當天的「是」那一欄劃記，如果他不能服從你的命令，就在當天的「否」那一欄劃記，然後遵循本圖表下方的獎賞說明所提出的方式來給獎賞。

	星期一	星期二	星期三	星期四	星期五	星期六	星期日
是	|||	||	|||	|||	||||	|||	||
否	||	|||	||			||	0	0

每日劃記得分：

「是」的得分是否多於「否」？

是　　否　　是　　是　　是　　是　　是

假如是每天給獎賞的話，那麼如果當天得到的「是」多於「否」，你就必須給小孩／青少年一種獎賞。

獎賞是： <u>從增強菜單中選取</u>

假如是每週給獎賞的話，那麼如果在一週內每日劃記得分中的「是」多於「否」，你就必須給小孩／青少年一種獎賞。

獎賞是： <u>從增強菜單中選取</u>

❧❦ 以取消權利處理不順從 ❦❧

1. 對小孩／青少年提出一個要求。表達此要求時要簡短清楚，以便能精確地表達出對小孩／青少年的期望，不要發問、建議或用請求的方式。

2. 給予一個警告。如果小孩／青少年不遵守這個要求，你就要向他提出一個警告，而且是以「如果……，就……」的句型來表達。警告應該清楚簡短，例如「如果你不（要求的內容），你就會（喪失權利）」。取消的權利內容可以是看電視的時間、打電話、外出、開車等等。在進入下一個步驟前，先從一數到五，這對你會有幫助。

3. 喪失權利

   選擇(1)：小孩／青少年被告知將喪失某些權利，直到他能夠順從原先的命令

   選擇(2)：小孩／青少年被告知將會有一段時間（例如二十四小時）喪失某些權利

   　　如果小孩／青少年在喪失權利之後顯得生氣或反叛，父母應該儘量避免陷入權力爭奪的處境。**如果小孩／青少年不願意按照喪失權利的方式來做，此時父母應該告知小孩／青少年，不管現在或待會兒他終究要按照這樣的方式來做**。再者小孩／青少年也要被告知，如果他繼續反對取消原來的權利，父母會再進一步取消其他的權利。

4. 順從之後。一旦小孩順從原先的命令，小孩／青少年便可以拿回原來喪失的權利。

注意：**若有太嚴重的反抗或肢體衝突，則應停止使用本方法**。你可以試試本書提到的其他意見或方法，或是請教精神衛生專業人員。

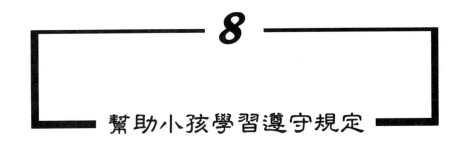

幫助小孩學習遵守規定

　　大部分的小孩在兒童的早期階段會逐漸學習遵守家庭、學校、同儕團體以及社區的規定，他們會去觀察何謂對錯，別人也會教導他們。有行為問題的小孩常常沒學會這些規定，或是忽略這些規定，父母通常很不容易幫助小孩學習遵守規定。本章將會提供一些特定的方法讓父母用來幫助小孩遵守規定。

你什麼時候才能學會遵守規定？

　　哈洛和歐佩用過許多方法要讓十二歲的拉脫亞遵守家庭中的規定，但是拉脫亞卻一再重複地不做家庭作業、晚歸，甚至在不被允許的情況下仍跑去逛街。父母覺得很挫折，最後他們不得不經常對著拉脫亞大吼，但是她卻不為所動，繼續違反規定。

何謂小孩遵守規定的能力不足？

　　規定是無所不在的，如果小孩無法學習遵守規定，勢必會引起麻煩。大部分的小孩偶爾會忘記或無法遵守規定，然而，有行為問題的小孩卻經常違反規定。在有關小孩學習遵守規定這個重要課題中，父母可以扮演一個重要的關鍵角色。

　　不遵守規定的範圍可以小到不做家庭作業，大到不按時間回家，小孩若無法遵守規定，他們會經常陷入麻煩，而且家庭衝突也會經常出現。另一個跟遵

守規定相關的主題是「監督」的觀念，那些從事違法或反社會行為的小孩常常沒有得到父母足夠的監督來確保他們能夠遵守規定，這些父母不能確定小孩在那裏、在做什麼、什麼時候會回家或是跟誰在一起等等，這些父母經常無法設定清楚的規定（例如回家的時間、上床的時間等等）和界限（例如小孩可以去或不可以去那些地方）。

討論之後寫下這些規定

　　許多父母以為他們的小孩了解這些規定，但事實上他並不知道。有時候，父母並沒有說明有那些規定，卻期待小孩能夠遵守規定，所以，你應該選擇幾個最重要的規定，然後清楚地跟你的小孩溝通，這對你將會很有幫助。

　　你自己花一些時間仔細想想你的小孩經常違反的一些規定，這些可能包括不做家庭作業或家事、太晚回家、早上太晚起床等等。將全部的規定列在表上，然後依照重要性將規定排列順序，最重要的規定排在最上面，以此類堆。剛開始你最好只針對兩個或三個最重要的規定，以後再加入其他的規定。

　　跟你的小孩開一個會，告知他有那些規定，並且將這些規定寫在一張紙上，這些規定要很清楚，也要很明確。舉例來說，不要只是說「做你的家庭作業」，而是要說「每天晚上七點前做完你的家庭作業」。要確定你的小孩清楚地了解你的規定，最好是你和你的小孩手上都有一份關於這些規定的影印本。

　　在限制交朋友這方面的規定要特別小心，如果父母限制小孩不能跟某位朋友交往，其實他們還是會偷偷地見面。雖然說只要父母堅持，他們仍是可以限制小孩交朋友，不過如果是從設定一些交朋友的規定來做的話，可能比較容易成功，這些規定包括小孩什麼時間可以跟朋友出去、什麼時間回家等等。另外，認識其他小孩的父母也可能會有幫助。

每日行為契約

每日行為契約涉及對你小孩的行為設定行為要求（或行為規定）和事後的代價（例如獎賞和處罰），在每天當中，你的小孩會因正向行為而得到增強，並且會因負向行為而得到輕度處罰。

步驟一：設定行為要求

跟你的小孩一起坐下來討論他經常違反的規定，這些規定因人而異，常常是父母不斷地去叱責或提醒小孩的一些行為。

從問題行為所衍生出來的規定範例如下：
- 在特定時間之前完成家事或家庭作業
- 在上學的日子準時起床
- 每天上學
- 餵狗吃東西
- 沒有大人陪伴的話不要去限定的地方（例如購物中心或公園）
- 除非父母有人在家，否則不要去朋友家
- 將去處告知父母

步驟二：設定會隨著小孩的行為獲得或喪失的權利

討論並列舉出你的小孩想要獲得的額外權利，同時列舉出你的小孩可能喪失長達一天的權利。

以上所指的權利範例如下：
- 打電話
- 看電視

・使用汽車
・外出
・打電視遊樂器

步驟三：實施契約

　　在契約裏寫下行為要求以及會獲得或喪失的權利（範例討論如下），接下來不要去嘮叨你的小孩或是對他提醒行為要求，只要在他符合或不符合契約裏所訂的行為要求之後，簡單地告知他獲得或喪失某些權利即可。

　　假如你的小孩在隔天完成行為要求，權利就只獲得或喪失一天的時間，這裏所指的一天，指的是二十四小時的時間，而時段可以由你來指定。你必須每天跟你的小孩一起回顧契約。

步驟四(a)：對小學早期年齡的小孩實施特定的行為契約

　　本章最後面的「每日小孩行為圖表」可以用來和小學早期年齡的小孩（大約九歲或十歲左右以下）訂定契約，你會發現這個圖表對年幼小孩的每日行為提供一些視覺上的回饋（例如笑臉和哭臉），如果你願意，你的小孩可以加入在圖表上畫笑臉或哭臉的工作。若你的小孩每天完成一、兩件正向行為，他就能夠獲得一個小增強；若每天完成三、四件正向行為，他就能夠獲得一個大增強（請參考第五章的「增強」段落）；如果小孩在一天當中違反所有規定，全部得到哭臉，他就必須接受處罰。契約每天回顧一次，也就是說，你使用這個圖表對小孩的行為做長達一天的監督，並使小孩在二十四小時內獲得增強或受到處罰。

步驟四(b)：對小學晚期年齡的小孩和青少年實施每日行為契約

　　本章最後面的「每日行為契約」可以用來和小學晚期年齡的小孩（超過九歲或十歲）和青少年訂定行為契約。這個契約與和小學早期年齡的小孩所訂定的契約有一些不同，差別在於每個行為有它個別的增強或後果。通常小學晚期小孩和青少年的行為比較不容易修正，因此，藉著讓每個行為有它個別的獎賞或後果，父母可以有更多的手段來修正小孩的行為（請參考第五章的「增強」段落）。同樣的，契約要每天回顧一次。

步驟四(c)：修正每日行為契約

　　使用「每日行為契約」時要做許多的工作，因此父母可以選擇性地對小孩指定行為要求，並且只實施契約中的增強或是後果部分。使用修正過的簡單契約會比使用不易完成的密集契約來得好，因此你必須自己判斷何種契約對你和你的家庭最有效。

重點摘要

1. 無法學習遵守規定的小孩在將來比較容易會發生嚴重的適應問題。
2. 要使用每日行為契約時，你必須先設定你的每日行為要求，然後依照你的小孩是否符合每日行為要求來實施增強或輕度處罰。選擇本章所提到的其中一種行為契約來運用。

教訓

　　回到哈洛、歐佩及拉脫亞：哈洛和歐佩終於了解即使他們喊破喉嚨也無法

幫助拉脫亞遵守他們的規定，因此他們決定對她使用「每日行為契約」。剛開始拉脫亞對這個契約很不高興，但是在她因違反契約而喪失了一些權利之後，她開始願意去遵守規定。哈洛和歐佩發現拉脫亞的行為逐漸改善，而且他們也比較少跟她發生爭執。

本 章 圖 表

～◇～ 每日小孩行爲圖表 ～◇～

姓名：＿＿＿＿＿＿＿＿＿＿＿＿＿＿＿＿＿＿＿＿＿＿＿＿＿＿

一週的日期：＿＿＿＿＿＿＿＿＿＿＿＿＿＿＿＿＿＿＿＿＿＿

說明：找出四個（或更少）希望小孩每天努力完成的目標行爲，小孩每完成一
　　　個行爲，你就在空格內畫上一個笑臉；如果沒有完成，則畫上一個哭臉。
　　　每次小孩得到笑臉時，你都要讚美他。每天結束前總計笑臉和哭臉，然
　　　後依照情況在二十四小時內給予獎賞或輕度處罰，共有兩種不同程度的
　　　獎賞和一種輕度處罰。

行為	星期一	星期二	星期三	星期四	星期五	星期六	星期日

	星期一	星期二	星期三	星期四	星期五	星期六	星期日
笑臉總計							
哭臉總計							

每日獎賞：　　　　　　　　　　**輕度處罰：**

一～二個笑臉：＿＿＿＿＿＿　　四個哭臉：＿＿＿＿＿＿

三～四個笑臉：＿＿＿＿＿＿

❧❧ 範例：每日小孩行為圖表 ❧❧

姓名：　　_拉脫亞_

一週的日期：　_十一月六日至十二日_

說明：找出四個（或更少）希望小孩每天努力完成的目標行為，小孩每完成一
　　　個行為，你就在空格內畫上一個笑臉；如果沒有完成，則畫上一個哭臉。
　　　每次小孩得到笑臉時，你都要讚美他。每天結束前總計笑臉和哭臉，然
　　　後依照情況在二十四小時內給予獎賞或輕度處罰，共有兩種不同程度的
　　　獎賞和一種輕度處罰。

行為	星期一	星期二	星期三	星期四	星期五	星期六	星期日
早上七點以前起床並且穿好衣服	☹	☺	☹	☺	☺		
晚餐前將家庭作業做完	☹	☺	☹	☺	☺		
帶狗外出散步	☹	☹	☺	☺	☺		
晚上九點以前關燈上床睡覺	☹	☺	☺	☺	☺		

笑臉總計	0	3	2	4	4		
哭臉總計	4	1	2	0	0		

每日獎賞：　　　　　　　　　　　　　**輕度處罰：**

一～二個笑臉：_特別的睡前點心_　　　　四個哭臉：_一天不能看電視_

三～四個笑臉：_跟父母做特別的活動_

每日行為契約

姓名：_____

一週的日期：_____

行為要求	隔天可以獲得的權利	隔天會喪失的權利
1.	1.	1.
2.	2.	2.
3.	3.	3.
4.	4.	4.

條件：每達成一項行為要求，便可在隔天獲得一項權利；有幾項行為要求沒有達成，隔天就會喪失幾項權利。

簽名：1.
　　　2.
　　　3.
　　　4.

❦──❦ 範例：每日行為契約 ❦──❦

姓名：　<u>拉脫亞　　　　　　　　　　　　　　　　　　　　　　　　　</u>

一週的日期：　<u>十一月六日至十二日　　　　　　　　　　　　　　　</u>

行為要求	隔天可以獲得的權利	隔天會喪失的權利
1. 晚上七點半以前回家	1. 從增強菜單中選取	1. 看電視
2. 晚上八點以前做功課	2. 從增強菜單中選取	2. 打電動玩具
3. 刷牙	3. 從增強菜單中選取	3. 外出的權利
4. 餵狗吃東西	4. 從增強菜單中選取	4. 打電話

條件：每達成一項行為要求，便可在隔天獲得一項權利；有幾項行為要求沒有
　　　　達成，隔天就會喪失幾項權利。

簽名：　1. 拉脫亞
　　　　2. 哈洛
　　　　3. 歐佩
　　　　4.

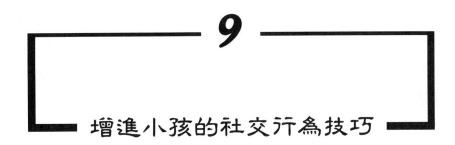

增進小孩的社交行為技巧

　　跟新朋友交往的能力對所有小孩都是非常重要的，一個長期有社交困難的小孩很可能到了青春期或成人期仍持續有社交或情緒上的困難。你的小孩跟別人形成友誼的能力，有大部分取決於是否熟練地發揮社交行為技巧。因此，**促進社交行為技巧的發展，對年輕小孩或嚴重社交發展遲滯的年長小孩可能是一個很好的著力點**。本章將針對如何促進小孩的社交技巧提供一些建議。

沒有人喜歡我

　　東尼是一個十歲的男孩，他幾乎沒有什麼朋友，他的雙親黛比和布魯斯，從學校相關人員的回饋中得知東尼的一些社交行為。顯然地，東尼在學校會騷擾其他小朋友，有時候也會攻擊他們，而他也會因此被責怪和嘲笑。

　　在家中，黛比和布魯斯注意東尼對待鄰居小孩和八歲大的妹妹凱絲也採取類似的社交互動模式，他們發現東尼時常騷擾其他小孩以及凱絲，然後也同樣地被拒絕、責怪和嘲笑。雖然東尼經常外出跟小孩們玩而且剛開始相處很好，但經過一段時間後，東尼總是會哭喪著臉回家告訴家人：「沒有人喜歡我。」

何謂社交行為問題？

　　許多小孩在社交活動場所面臨困難，他們不知如何在社交情境中表現合宜的行為舉止，這些小孩通常呈現負向的社交行為，譬如打人、中斷別人、騷擾

別人等，但是很少有正向的社交行為，譬如眼神接觸、情感表達、分享或與人
合作等。如果小孩想要發展友誼，他們必須減少負向的社交行為，並能增加正
向的社交行為。小孩學習社交行為技巧的階段，通常是在學步的幼兒期、學齡
前以及小學早期階段，假如你的小孩在這些年齡階段尚未具有適當的社交技巧，
那麼，他就必須被教導去學習這些社交技巧。

教導小孩社交行為技巧

接下來這個段落將介紹父母應如何幫助小孩發展社交行為技巧，社交行為
技巧訓練對促進小學早期年齡的小孩或社交發展遲緩的年長小孩去發展友誼關
係是一個好的開始。**以下的這些步驟能夠用來改善小孩跟父母、手足或同儕的
關係。**

步驟一：找出你的小孩要學習的社交行為目標

你可以針對各種不同的社交行為技巧來幫助你的小孩學習，第一個任務是
去了解你的小孩太常使用那些負向的社交行為，以及那些正向的社交行為表現
不足。

負向社交行為範例如下：

- 攻擊身體（打人、踢人等等）
- 不公平地玩
- 爭吵
- 中斷
- 罵髒話
- 控制別人
- 發牢騷、抱怨等等
- 奪走別人物品

- 嘲笑別人
- 插嘴
- 騷擾別人
- 侵佔別人空間
- 退縮和自我孤立
- 變得消極被動
- 不懂得傾聽
- 藏食物或玩具等等

- 主宰活動
- 貧乏的眼神接觸
- 成為可憐的玩弄對象
- 太吵鬧
- 炫耀

- 將感覺隱藏起來
- 話太多
- 不能遵守遊戲規則
- 遊戲時太粗暴
- 不能有效處理同儕壓力（例如同儕影響他去做不應該做的事）

正向社交行為範例如下：

- 懂得輪流
- 能分享
- 表達感覺
- 合作
- 眼神接觸
- 開啓話題
- 自我肯定
- 傾聽別人
- 讚美別人
- 接受讚美
- 遵守遊戲規則
- 拒絕同流合污

- 能向別人道歉
- 能發問
- 將自己的事告訴別人
- 公平地玩
- 適當時候能不在乎
- 詢問別人的興趣或願望
- 簡明扼要地說事情
- 詢問別人需要什麼
- 幫助別人
- 拒絕做同儕要求的負向行為

　　你需要花一些時間來觀察小孩跟同儕、手足在社交情境中的互動，以便找出那些行為是你的小孩最需要努力完成的。為了要獲得這些訊息，你可能需要在不同的社交情境裏觀察你的小孩幾天或幾個星期。你應該在高結構性的情境（例如男女童軍活動、運動、教會活動等等）以及低結構性的情境（例如跟同儕、手足在前院或公園內玩等等）中觀察你的小孩。儘量去注意你的小孩被同儕或手足接受的程度如何，注意他是否被其他人拒絕、漠視或攻擊別人，甚至更進一步去觀察你的小孩太常使用那些負向的社交行為，以及那些正向的社交

行為表現不足（正向或負向社交行為可以參考上述的例子）。

　　在本章最後面的「父母觀察小孩社交行為」圖表可以用來協助找出小孩社交行為的目標，這份圖表只是將你的觀察結構化出來，以便能幫助你找出小孩的正、負向社交行為。

步驟二：共同合作去幫助你的小孩了解社交行為問題以及選擇社交行為目標

　　跟你的小孩一起去選擇和努力完成特別的正向社交行為是非常重要的。這通常是一種很敏感的情況，因為許多小孩對於要完成社交行為顯得緊張和防衛。首先，你應該以支持的態度嘗試跟小孩討論他的問題，先指出他跟其他小孩相處似乎有困難，不要對小孩下判斷，但是要跟小孩溝通，讓他知道你想要幫助他，並說明你有一個計畫也許可以幫助他跟其他小孩相處得很好，同時你也願意跟他一起將這個計畫付諸行動。**不要太急於要跟你的小孩一起討論社交行為技巧，應先建立良好的合作關係以後才開始。**

　　讓你的小孩了解他社交行為遇到的困難，以及知道他能夠做些什麼是非常重要的。下一個步驟是指出你的小孩所要針對的特定正向社交行為。複習一下上面所列出的正、負向行為對你會有幫助，要求你的小孩想想他認為那些負向的社交行為他應該少做一點，以及那些正向的社交行為他應該多做一點。必要時不妨分享你所觀察他跟其他小孩互動的情形，然後一起選擇一些正向社交行為作為目標並努力完成。理想上正向行為的選擇應該是找出想修正的負向行為所對應的正向行為（例如佔有對應分享）。

步驟三：教導你的小孩社交行為技巧

　　接下來的步驟是教導你的小孩一些特定的正向社交行為技巧。首先。說明這些正向社交標的行為，並且用小孩所能了解的方式來形容這些行為，接著是去示範或實例說明這些正向的社交行為，此時小孩應該在一旁觀看實例說明，

然後利用角色扮演來示範表演這些正向社交行為技巧，並且輪流表演，直到小孩能夠真正了解這些行為的內涵。通常在經過說明、示範、角色扮演之後，大多數的小孩都能夠對標的行為有更清楚的了解。

下面的例子是教導小孩分享玩具這一項正向社交行為，首先，父母可以口頭說明這項行為，例如「分享玩具的意思就是你可以讓別人跟你一起玩，或是你可以允許別人玩你的一些玩具」。在這個例子裏，示範指的是父母實際表現分享玩具的行為。最後，父母讓小孩角色扮演，以便讓小孩用行動的方式表達他對這些行為的了解。

類似的說明、示範、角色扮演，也適用於其他的社交行為。**在進行下一個步驟之前，先確定你的小孩已經完全了解，並且能夠去執行特定的社交行為。**

步驟四：在真實社交情境中教導和增強令人滿意的社交行為

幫助小孩能夠在真實生活情境中運用新學得的社交行為技巧時，父母的教導是不可或缺的。理想上，你應該在真實生活情境中教導你的小孩。**教導涉及激勵或提醒小孩能夠時時覺察和履行更多的正向社交行為**，其目標是去注意你的小孩何時可能有社交互動的困難，以及鼓勵他去運用剛學會的技巧。**你可以在親子、手足或同儕的互動中趁機教導小孩練習社交技巧**，這些社交互動都足以提供很好的機會讓孩子練習這些技巧。

事先計畫你的小孩在未來社交情境中如何努力完成社交行為技巧，也是很有幫助的。舉例來說，假如父母知道小孩將去參加一次男童軍聚會或女童軍聚會，父母和小孩可以事先找到一些方法，好讓小孩在聚會中努力完成一些社交行為技巧。

社交行為的增強能夠以正式或非正式的方式實施，正式的增強是指在出現令人滿意的社交行為後，給你的小孩具體的增強物，而非正式的增強則是當小孩表現出令人滿意的社交行為時，簡單地給予讚美。

步驟五(a)：實施正式的社交行為技巧練習方案

在本章最後面的「練習社交行為技巧」圖表能夠用來**幫助你的小孩在某一個特定事件中的某個特定時間練習社交行為技巧**。這份圖表共有五個步驟：第一個步驟是指出在一個特定的社交事件中，你的小孩要改善的社交行為；第二個步驟是去注意你的小孩在何時何處去從事這個特定的社交行為技巧；第三個步驟是讓小孩在這個特定的事件發生後，以五點評分量表為自己做個評估，此量表是從1（一點也不）一直到5（非常好）；第四個步驟是要求小孩反應或寫下他做了什麼足以支持這個評分；第五個步驟是由你評估小孩的表現，如果他在這個事件發生期間，練習此特定社交行為時表現良好，則應予以增強。

在本章最後面的「每日社交行為目標」圖表，能夠**用來幫助你的小孩在目前的基礎上練習社交行為技巧**。這份圖表要求小孩列出他在每一天中想努力完成的一個或更多的社交行為，然後在每天結束前，請小孩同樣以五點評分量表來評估自己達到目標的程度，你也同樣的評估小孩達目標的程度，並且在他表現不錯時給予增強。

「練習社交行為技巧」圖表和「每日社交行為目標」圖表能夠用來改善親子、手足以及同儕互動間的社交行為，你可以根據你認為何種對小孩比較有效，來選擇使用其中一種圖表，假如小孩在這兩份圖表的其中一種得到3或更好的評分，他就能夠獲得增強。

步驟五(b)：實施非正式的社交行為技巧練習方案

你也能夠使用非正式的程序來增進小孩社交行為技巧的發展，那麼仍應使用步驟一至四，然後你再非正式地激勵小孩使用某些特定的社交行為，假如小孩表現出令人滿意的行為，就可以用讚美增強他。

教導「拒絕」同儕壓力的技巧

　　同儕對許多小孩帶來負面的影響，為了融入同儕或被同儕接受，小孩會做一些事情，例如違反規定或表現其他的問題行為，反應同儕壓力的這些行為範圍從炫耀到使用毒品都有可能。事實上，同儕的影響跟小孩的吸毒、從事性行為、逃學、破壞行為和犯罪等等有著密切的關係，因此對小孩而言，學習拒絕同儕的壓力是非常重要的。

　　拒絕的技巧涉及當一個小孩被同儕脅迫去做一些他不想做的事情時，能夠堅決地說不。協助一個小孩拒絕的技巧時，最重要的是跟小孩一起合作，教育他，並且訓練他如何堅決地對同儕拒絕。

　　合作是指你和你的小孩**一起討論同儕的壓力，並且同意共同努力**來處理這個問題。先找出那些方面讓你的小孩感覺有壓力，對較年幼的小孩而言，壓力可能是指同儕要他在遊戲場丟石頭、對課業不在意、嘲笑其他的孩子等等；但對青少年而言，這個壓力可能是指吸毒、逃學、不按時回家等等。假如你的小孩想要跟你一起來解決這些壓力，你可以做進一步的教育和自我肯定訓練。**假如你的小孩確實有同儕壓力的問題，但是他不想跟你合作，那麼你最好拋開拒絕技巧訓練，你可以嘗試本書中的別種技巧，或徵詢心理衛生專業人員的意見。**你可能需要去訂定特別的規定，和／或是更密切的監督你的小孩（請參考第八章幫助小孩學習遵守規定）。

　　教育涉及跟你的小孩討論屈服於同儕壓力可能帶來的後果，對較年幼的小孩而言，你可能要告訴他們某些特定的行動將會帶來麻煩，甚至可能造成別人的身體傷害。對較年長的小孩或青少年而言，你可以跟他談得更深入一點，討論某些特定的行為會讓別人有什麼樣的感覺。

　　自我肯定訓練能幫助小孩發展社交行為去因應同儕壓力。最好的執行方法是藉由計畫、行為預演以及實際表現出拒絕行為。先**計畫**好當同儕壓力發生時，小孩應該如何反應，要求你的小孩「預先想一想」並計畫下一次該怎麼做，包

括想一想要對同儕說什麼和做什麼。例如一個小孩碰到同儕脅迫他去便利商店偷糖果時，可能計畫回答「不，謝謝你，但是我必須回家」，並且真的就回家去。角色扮演是一個**預演**拒絕技巧的好方法，你和小孩可以演出各種的同儕壓力情境，以及小孩所提出來解決壓力的計畫，當計畫看起來不容易實施時，角色扮演提供一個可以修正計畫的機會。最後也是最困難的步驟就是真的去拒絕，在這個步驟上你的小孩是一個人單獨面對，但是你可以在每一個行動後跟小孩一起檢討，並且討論他是如何進行的，這些將可提供機會來修正計畫和預演新計畫。

你可能會需要使用在本章最後面的「每日社交行為目標」圖表，以促進小孩的拒絕技巧，你可以在這份圖表上列出「拒絕同儕壓力」當作社交行為目標。至於如何使用「每日社交行為目標」圖表，請參考前面提到的段落。

其他有幫助的社交行為技巧訓練計畫

教導手足類似的社交行為技巧

雖然手足可能沒有和其他的小孩一樣出現社交行為困難，但是跟有行為問題的手足在一起時，有可能也會表現出同樣的困難，因此，訓練手足運用社交技巧可能也會有用。當手足涉入其中時，對你的小孩也可能會造成更大的衝擊。

安排情境來練習社交行為技巧

安排和計畫某些特別的活動，讓小孩能夠練習社交行為技巧，這樣做可能是有幫助的。舉例來說，你可以安排一些情境讓你的小孩跟另一個小孩互動（例如一起過夜、吃晚餐、去參觀展覽會等等），一旦你的小孩能在一對一的情境中有成功的經驗，你可以進一步安排結構式的小團體活動（例如邀請一些小孩

一起過夜或邀請一群小朋友參加生日宴會等等）。之後，一旦小孩在結構式的小團體有了成功經驗，你可能會想要為你的小孩安排一個較大的社交情境，讓他能夠練習社交行為技巧（例如大型的宴會、大型團體戶外活動等等）。在所有的活動期間，你應該依照上面所討論的程序去教導和增強小孩。

讓你的小孩加入特殊的團體

有某些特定的結構式團體可以幫助你的小孩發展社交行為技巧，最好是一些沒有激烈競爭氣氛的團體活動，例如童軍活動、教會團契、藝術或工藝團體等等，這些都強調合作，而且具結構性、有規則並有成人監督。可以找機會幫你的小孩登記加入這些團體，而且對你自己也可能會有幫助。

有些小孩可能有非常困擾的社交行為技巧，而且不可能僅從本章的意見中獲得改進，**去幫你的小孩登記加入社交行為技巧的治療團體，可能對他是有幫助的。**這些治療團體提供小孩有機會在一個控制良好的環境中學習和練習這些困難的技巧，你可以請教心理衛生專業人員，看是否在小孩的學校和／或社區中有社交行為技巧團體。

找到同儕助人者

許多學校都設有同儕助人方案，年長小孩和年幼小孩互相配對，如此年長者能夠教導年幼學童有關課業上的問題，這個經驗也提供一個學習和練習社交行為技巧的機會。你可以詢問小孩的學校，看看是否小孩能夠加入這樣一個同儕助人的方案。

跟學校相關人員合作

在本章中所描述的許多程序都能夠由學校工作人員使用在小孩身上，假如可能的話，安排一個會議，討論你和學校工作人員可以在家中和在學校中共同

使用類似制度的方法。（細節部分請參考第十二章的「家庭與學校聯絡單制度」和「密切的家庭與學校合作計畫」段落。）

跟其他父母一起努力

　　有社交行為問題的小孩常常被別人嘲笑和責怪，有時候會嘲笑別人的那個小孩就是有行為問題的小孩。嘲笑的舉動偶爾會失去控制，以至於使一個小孩或一群小孩之間持續有長期的互動問題。

　　遇到這樣的例子，跟其他小孩的父母一起努力可能會有幫助，但是想要實現這個目的，很顯然地，必須其他父母也樂意來參與。一種策略是只有父母彼此聚會討論用什麼方法才能幫助小孩相處的更好；另一種策略是聚集所有的父母和相關的小孩一起開會，並且找出一些方法。最終的解決辦法可能是你們的小孩同意彼此儘量相處得更好，也可能是父母要更積極地監督小孩的社交互動，也可能是父母們彼此定期地做溝通。

堅持

　　小孩的社交問題常是非常難以改變的，總要花上幾個星期、幾個月甚至幾年的時間，小孩才會習慣使用新技巧，即使你的小孩改變了他的行為，其他小孩可能仍然沒有改變對你的小孩先前被「標籤化」所引起的評價。基於這些理由，你可能需要更辛苦，花更長的時間去幫助你的小孩發展社交行為技巧，最後他才能被其他小孩接受。

重點摘要

1. 不良的社交關係跟小孩的行為和情緒問題有關。

2.在選擇社交標的行為時，跟你的小孩一起合作和努力是非常重要的。

3.藉由說明、示範和角色扮演，教導你的小孩學習特定的社交行為技巧。

4.在真實生活情境中，教導和增強你小孩的社交行為技巧。

5.利用正式的練習程序幫助你的小孩真正地學習社交行為技巧。

有些人喜歡我

　　回到東尼和他的父母黛比和布魯斯：父母決定用徹底的方法來幫助東尼發展一些社交行為技巧。起初，他們只有觀察東尼在家中附近的小型棒球聯盟練習，以及和妹妹凱絲在一起的情形，他們觀察到東尼一開始似乎很孤立，都是自己一個人，然後他開始跟其他小孩有負向的互動，他做出許多中斷別人、控制別人以及激怒別人的舉動，同時很少有分享和輪流的正向行為。稍後，經由多次的討論後，他們終於獲得東尼的合作，他同意去努力完成社交行為技巧。他們向東尼說明、示範並和他一起角色扮演出標的行為，直到東尼真的了解這些標的行為，然後再利用「練習社交行為技巧」圖表作為正式的實施方法和增強社交行為技巧的訓練。首先他們將焦點放在手足互動，然後是同儕互動，這些也都使用同樣的方法，東尼也從他的努力中獲得獎賞；最後，黛比和布魯斯也告訴其他鄰近小孩的父母，這些父母和小孩有了一個聚會，並針對那些社交互動可被接受，那些不能被接受達成共識，父母們也同意一起合作來監督和幫助這些小孩相處得更好。

本 章 圖 表

ᐎ◉᷂ 父母觀察小孩社交行為 ᐎ◉᷂

姓名：＿＿＿＿＿＿＿＿＿＿＿＿＿＿＿＿＿＿＿＿＿＿＿＿

日期：＿＿＿＿＿＿＿＿＿＿＿＿＿＿＿＿＿＿＿＿＿＿＿＿

說明：花一些時間從旁觀察你的小孩跟同儕、手足互動的情形，並回答下列每
　　　一個問題。

1. 這次觀察的社交情境是什麼？

2. 我的小孩具有的社交問題是什麼？

3. 我的小孩表現太多的負向社交行為是什麼？

4. 我的小孩表現不足的正向社交行為是什麼？

範例：父母觀察小孩社交行為

姓名：　東尼

日期：　星期五

說明：花一些時間從旁觀察你的小孩跟同儕、手足互動的情形，並回答下列每
　　　一個問題。

1. 這次觀察的社交情境是什麼？

　　跟小孩在公園玩

2. 我的小孩具有的社交問題是什麼？

　　起初，他被其他小孩忽略，後來他妨礙一些小孩玩棒球遊戲

3. 我的小孩表現太多的負向社交行為是什麼？

　　身體的攻擊、干涉、激怒別人

4. 我的小孩表現不足的正向社交行為是什麼？

　　輪流、合作、發問、詢問別人的興趣和需要

❧❦❧ 練習社交行為技巧 ❧❦❧

姓名：＿＿＿＿＿＿＿＿＿＿＿＿＿＿＿＿＿＿＿＿＿＿＿＿＿＿＿

日期：＿＿＿＿＿＿＿＿＿＿＿＿＿＿＿＿＿＿＿＿＿＿＿＿＿＿＿

說明：父母和／或小孩都可以填寫這張表格，但是所有參與者應該一起討論，在社交事件發生前先完成步驟一和二，社交事件發生後再完成步驟三、四和五。

社交事件發生前

1. 我要努力完成的社交行為目標：

2. 我將在何時、何地努力完成這些社交行為目標（設定時間和地點）：

社交事件發生後

3. 我完成這些社交行為目標的程度如何？（圈選一個）

1	2	3	4	5
一點也不	一點點	還好	相當好	非常好
☹		☺		☺

4. 我做了什麼讓我對自己如此評分？（寫下你認為值得獲得上述評分等級的事情）

5. 假如我的父母同意我的評分，而且此次評分是3、4或5，我得到的獎賞是：

❦❧ 範例：練習社交行為技巧 ❦❧

姓名：<u>東尼</u>

日期：<u>星期六</u>

說明：父母和／或小孩都可以填寫這張表格，但是所有參與者應該一起討論，在社交事件發生前先完成步驟一和二，社交事件發生後再完成步驟三、四和五。

社交事件發生前

1. 我要努力完成的社交行為目標：

   跟其他的小孩說話，而且有眼神的接觸

2. 我將在何時、何地努力完成這些社交行為目標（設定時間和地點）：

   星期六上午棒球練習時間

社交事件發生後

3. 我完成這些社交行為目標的程度如何？（圈選一個）

1	2	3	④	5
一點也不	一點點	還好	相當好	非常好
☹		☺		☺

4. 我做了什麼讓我對自己如此評分？（寫下你認為值得獲得上述評分等級的事情）

   我告訴克麗絲和史提夫關於下一次的遊戲，當我對他們說話時，我注視著他們的眼睛；我請求傑克森先生丟一些球給我，我也同樣注視著他的眼睛

5. 假如我的父母同意我的評分，而且此次評分是3、4或5，我得到的獎賞是：

   晚餐吃披薩

❧ 每日社交行為目標 ❧

姓名：＿＿＿＿＿＿＿＿＿＿＿＿＿＿＿＿＿＿＿＿＿

日期：＿＿＿＿＿＿＿＿＿＿＿＿＿＿＿＿＿＿＿＿＿

說明：在下面寫下你將要努力完成的正、負向社交行為目標，並且在每天結束前，評估你完成這些目標的程度。若父母也能對你完成這些目標的程度加以評估，對你將會有幫助。

小孩的評估

1. 我要努力完成這些社交行為目標：

2. 我完成這些目標的程度如何？（圈選一個）

1	2	3	4	5
一點也不	一點點	還好	相當好	非常好
☹		☺		☺

父母的評估

3. 父母認為小孩完成社交行為目標的程度如何？（圈選一個）

1	2	3	4	5
一點也不	一點點	還好	相當好	非常好
☹		☺		☺

獎賞

4. 假如父母給我的評分是 3、4 或 5，我得到的獎賞是：

⟨❦⟩ 範例：每日社交行為目標 ⟨❦⟩

姓名：　東尼

日期：　星期六

說明：在下面寫下你將要努力完成的正、負向社交行為目標，並且在每天結束
　　　前，評估你完成這些目標的程度。若父母也能對你完成這些目標的程度
　　　加以評估，對你將會有幫助。

小孩的評估

1. 我要努力完成這些社交行為目標：

　　分享和表達感覺

2. 我完成這些目標的程度如何？（圈選一個）

1	2	3	④	5
一點也不	一點點	還好	相當好	非常好
☹		☺		☺

父母的評估

3. 父母認為小孩完成社交行為目標的程度如何？（圈選一個）

1	2	3	④	5
一點也不	一點點	還好	相當好	非常好
☹		☺		☺

獎賞

4. 假如父母給我的評分是 3、4 或 5，我得到的獎賞是：

　　從增強菜單中選擇

10

增進小孩的社交及一般問題解決技巧

　　能夠解決問題以及思考自己正在做的事情是人生中很必要的能力。問題解決技巧的其中一部分就是要能夠在行動之前先停下來想一想，另外一部分是在解決特定問題時，能夠思考如何一步一步的來做。問題解決技巧對人際關係也很重要，因為一個人要能夠處理人際方面的問題，才可能有良好的關係。本章將會提出一些方法來幫助小孩培養問題解決能力。

為什麼妳不想想妳在做什麼？

　　十一歲的莎莉經常惹出一大堆麻煩，她的母親布蘭達必須經常管教她的不良行為。布蘭達可以舉出許多例子說明莎莉一點都沒有想想她在做什麼。舉例來說，最近有一次她要莎莉將前院裏的樹葉耙成一堆，後來莎莉的朋友騎著腳踏車來找她，並且邀她一起到公園玩，結果她就真的丟下耙子跟朋友到公園玩。另一個更嚴重的例子是朋友要求莎莉加入她們到商店偷糖果的行列，結果她也真的去做，而且還被抓到。類似的困難也發生在家裏，最近莎莉的弟弟麥可跑到莎莉的房間，並且弄得一團亂，莎莉到她的房間看到這一團亂的情況之後，立刻跑出來狠狠地打了麥可一頓。布蘭達已經厭倦了不斷處罰莎莉，她經常問莎莉：「為什麼妳不想想妳在做什麼？」

何謂問題解決技巧不足？

在問題解決方面有效率的小孩能夠辨識問題何時發生，並且計畫一連串的行動來解決問題。許多有行為問題的小孩常顯得很衝動，而且解決問題的能力很差，他們無法辨識問題何時發生，不事先思考他們行為的後果，不思考解決問題的替代方法，甚至即使想到一個計畫，也很少照這個計畫來執行。

有社交問題的小孩，特別是那些有攻擊性的小孩，通常無法有效地解決人際問題，這些小孩在看待（理解）問題方面常常會「出錯」，導致他們常用一些不好的方式來解決問題。舉例來說，有攻擊性的小孩經常會誤解別人的行為和意圖，認為社交問題都是「別人的錯」，而且別人是「故意」這麼做的。這些小孩通常無法辨識自己在引發問題當中所扮演的角色，而且在「設身處地」或是從別人的觀點思考問題的能力通常很差。到最後，這些小孩只有採用攻擊的方式（而不是親社交的方式）來解決社交問題，而且他們也經常認為攻擊的方式比非攻擊的方式更好。

教導小孩問題解決技巧

問題解決技巧訓練教導小孩在行動之前先思考，並且是用目標導向的方式來思考。透過問題解決技巧訓練，小孩學習如何用更好的方式解決他們立即性的問題，他們也學習辨識問題、想出替代的策略、考慮後果、想到問題解決的阻力且應用有效的策略來解決社交和一般性的問題。

問題解決技巧的程序包括以下的步驟：

1. 停！問題是什麼？
2. 問題是因誰或因什麼而引起？
3. 每個人想到和感覺到什麼？

*4.*有些什麼方法？

*5.*最好的方法是什麼？

*6.*實行這個方法。

*7.*這個方法有效嗎？

假如所發生的問題不是社交問題，步驟2和3可以省略。

步驟一：確定你的小孩是否能夠從問題解決技巧訓練中獲益

　　所有年齡的小孩都可以從問題解決技巧訓練過程中獲得不同程度的幫助，不過，**父母不應期待一個八歲以下的小孩能夠將問題解決技巧的策略在真實生活中應用得很好**。八歲以上的小孩從問題解決技巧訓練中獲益的程度比較大，也比較能夠將這些策略應用到他們自己的問題上面。同時，父母不應期待一個無法順從和／或遵守規定的小孩能夠從事問題解決技巧的工作，因此你必須問問你自己是否小孩已經準備好了，如果是的話，你就可以進入下面的步驟。

　　如果你的小孩有嚴重的不順從，或是經常違反規定，那麼就不要去教導他問題解決技巧，你可能要從第七章和第八章所討論的順從性訓練和其他管教技術開始，等到小孩比較順從而且比較能遵守規定的時候，再來教導他問題解決技巧。

步驟二：指導你的小孩有關基本的問題解決技巧

　　直接指導你的小孩有關問題解決技巧所涉及的步驟，這個目標可以透過複習本章最後面「問題解決技巧」圖表中的步驟來達成，而且你必須透過討論和示範來告訴小孩如何運用問題解決技巧的步驟。**剛開始先用簡單的問題來教導小孩問題解決技巧，一段時間之後再將這些技巧應用到比較困難的問題上面會很有幫助**。在討論問題解決技巧的步驟時，最好是呈現一個假設性的問題，然後問你的小孩一些問題，來引導他在口頭上解決這個假設性的問題。舉例來說，你要求小孩解決的問題是當他要看電視的時候，你卻要他去做家事，此時你要

引導小孩完成所有步驟來幫助他解決這個假設性的問題。繼續指導你的小孩，直到他開始了解何謂問題解決技巧，**但是如果你的小孩對你的指導有很大的抗拒，千萬不要逼得太急。**

　　要記住的一個重點就是有許多小孩對問題解決技巧的過程步驟 6（實行這個方法）有非常大的困難，因為這一個步驟要求小孩必須真正付諸行動（一個特定的行為）來解決問題。**小孩想到了一個好方法（例如「我會忽略他」）不代表他可以真正實行這個方法（例如真正去忽略他）**，有許多小孩必須要有人教導他去實行這個方法（例如教導他如何忽略），而這個目標可以透過指導、示範和練習特定的行為等方法來達成，教導你的小孩如何忽略、輪流、分享和持續進行工作等等也很重要。（關於如何教導社交行為技巧請參考第九章。）

步驟三：指導你的小孩以情境解釋與設身處地來解決社交問題

　　如同前面所提到的，有攻擊性的小孩在情境解釋方面經常出錯，而且他們也不去考慮別人的觀點，情境解釋和設身處地訓練可以幫助小孩更正確地看清楚情境和別人的觀點，這些技巧要求小孩能夠仔細思索自己的想法，如此做才能評估這些想法的正確性並且考慮別人的觀點。年輕的小孩通常缺乏這種抽象思考技巧，因此**情境解釋和設身處地訓練通常只建議用在超過十歲以上的一般智力小孩身上**，父母不用經過這個步驟也可以引導小孩解決社交問題，只不過小孩會需要父母更多的指導。

　　情境解釋訓練的基本概念就是幫助你的小孩了解別人是如何用不同的觀點在看待事情。舉例來說，一位裁判可能在本壘判一位棒球跑者出局，但是另一位裁判卻判安全上壘；另外一個例子是一個小孩從走廊走下來的時候被另外一個小孩撞到，他可能認為那個人是故意撞他的，可是別的小孩可能會認為那個人是不小心撞到的。繼續討論其他例子來說明人們在看待情境方面可能會出錯，並且將你曾經錯誤地解釋情境的一些經驗告知你的小孩，同時要求你的小孩想想他曾經在什麼時候錯誤地解釋別人的行為。

　　向小孩說明人們可以停下來判斷自己是否很正確地看待情境。舉例來說，一位裁判在本壘判一位跑者出局，但是教練抗議此判決，此時這個裁判可以尋求另一位裁判的意見，以便確定自己的判決是否正確，第二個裁判會跟第一個裁判討論，以便確定跑者是出局或是安全上壘，而第一個裁判也可能改變心意；向小孩說明這種情況也可能發生在社交情境中，一個人在走廊上被撞到，他可能會認為撞他的那個人是故意的，但是後來仔細想想，其實沒有證據顯示是故意撞的，於是他改變心意，認為這是一件意外事件。要求你的小孩去回想過去一些不順利的真實社交情境，舉例來說，你的小孩可能回想有一次他認為朋友或手足故意推他，但其實是別人不小心絆倒撞到他。要求他去尋找有關問題因誰而引起的證據，並且說明尋找證據是將「膠著的情境」看清楚的重要關鍵。告訴你的小孩在事情發生時，很重要的是停下來想想「問題因誰或因什麼而引起？」父母必須協助小孩作判斷，因為大部分的小孩都會有困難，尤其是那些傾向於用攻擊方式來解決問題的小孩。

　　設身處地訓練的基本概念是幫助小孩「站在別人的立場著想」，以便了解別人的想法和感覺。起先，你可以翻開雜誌，看著有人物的圖片，然後要求你的小孩想想圖片中每個人的想法和感覺。下一步你可以要求小孩回想過去一些不順利的真實社交情境，舉例來說，你的小孩可能回想到昨天從一個朋友或手足那裏拿了一樣玩具，此時你必須要求他說明他自己和另外那個人會想什麼以及會有什麼感覺。

　　在討論社交問題解決技巧時，要儘量融入情境解釋和設身處地的討論。「問題解決技巧」圖表已經融入了這兩種技巧，**步驟 2 的「問題因誰或因什麼而引起？」就是用來幫助小孩對情境做正確的解釋**，當你和小孩討論步驟 2 時，要求他敘述他自己和別人在引發問題方面各扮演什麼角色。**步驟 3 的「每個人想到和感覺到什麼？」是用來幫助小孩了解別人的觀點**，當你和小孩討論步驟 3 時，要求他敘述每個涉入某項社交問題的人會想到和感覺到什麼。

步驟四：示範問題解決技巧

透過對你的小孩示範問題解決技巧，你可以成為一個更好的教導者。**為了達成這個目標，你要更常在小孩的面前用問題解決技巧的做法將過程大聲地說出來**，透過這種方式，你便可以示範如何解決問題。剛開始你可以示範將問題解決技巧的策略用在中立或簡單的情境，舉例來說，你可以將晚餐要煮什麼菜、晚上要做什麼、外出到那裏吃飯等問題大聲地說出來。之後，你可以示範將問題解決技巧的策略用在比較困難的問題或是情緒問題，譬如怎麼應付工作上的老板或是朋友之間的問題等等，不過建議你**不要討論只跟大人有關的個人問題**（例如婚姻或經濟問題等等）來示範如何解決問題。

你可以用正式或非正式的做法來示範如何運用問題解決技巧的步驟。正式的做法就是使用「問題解決技巧」圖表，當你在解決一個問題時，你可以將這個圖表拿在手邊，然後系統性地完成每一個步驟，同時讓你的小孩在旁邊觀看；非正式的做法就只是讓你的小孩在旁觀看你將情境和問題邊想邊大聲說出來，舉例來說，當你遇到一個問題時，你可以說一些類似下面的話：「嗯，問題到底出在那裏呢？我應該怎麼做呢？我要試試看（一個策略／方法）。有效嗎？」等等。

步驟五：透過導向發現問句指導你的小孩運用問題解決技巧

儘量指導你的小孩將問題解決技巧應用到真實生活情境上面。**「導向發現」問句涉及詢問你的小孩一些問題，以便幫助他發現如何靠自己解決問題。** 這類的問句要求小孩能夠自己思考，因此，小孩必須有稍微複雜的思考能力才做得到。導向發現問句比較適用於八歲以上並且擁有中等以上智力的小孩。

導向發現問句的做法可以有開放的形式或是強迫選擇的形式。開放式的導向發現問句比較好，但是對於一些較年幼的小孩或是在回答時有困難的小孩，強迫選擇的方式會比較適合。

開放式的導向發現問句範例如下：

1.「你可以做什麼呢？」

2.「我不懂，你說給我聽，你是怎麼解決那個問題的？」

3.「你要怎麼解決那個問題呢？」

4.「第一步是什麼？然後你要做什麼？很好，現在下一步是什麼？」

強迫選擇的導向發現問句範例如下：

1.「你可以試試這種（選擇）或是那種（另一種選擇），你認為那一種會比較好呢？」

2.「看起來你有兩種選擇──這種（選擇）或是那種（另一種選擇），你認為那一種會比較好呢？」

　　不要替你的小孩解決問題，儘量透過導向發現問句來指導你的小孩解決他自己的問題。舉例來說，如果你的小孩抱怨跟一個朋友相處得不好，你就鼓勵他使用問題解決技巧的策略。基本上來說，你的目標就是透過幫助他解決他自己的問題來對你小孩的持續性問題和困境做反應。

步驟六(a)：實施正式的問題解決技巧程序

　　實施正式的問題解決技巧的程序可以使用本章最後面的「問題解決技巧作業單」，這張作業單可以用來解決立即的問題，也可以用來事後回想事情如何解決會比原來的方法更好。**在利用這張作業單指導小孩問題解決技巧的過程時，你要充當一位教練**，首先鼓勵你的小孩運用問題解決技巧，而且只要用類似這種句子「這是運用問題解決技巧的好機會哦！」就已足夠，**如果你的小孩很生氣，就等到你們倆都平靜下來以後再鼓勵他運用問題解決技巧。**（有關家庭生氣／衝突管理請參考第六章。）接下來，指導你的小孩想出「問題解決技巧作業單」上面標示的每一個步驟，而且從作業單上面看得出來小孩和／或父母們必須共同努力完成問題解決技巧過程的每一個步驟。在你和你的小孩完成了「問題解決技巧作業單」之後，最後一個步驟就是評估小孩使用「問題解決技巧作

業單」的成效如何，你可以利用作業單最底下的四點評分量表來對小孩做回饋，以便評估他運用問題解決技巧的成效。

　　你或你的小孩都可以填寫「問題解決技巧作業單」，重要的不是由誰來填寫這張作業單，而是它真的被用來做為結構問題解決技巧過程的工具。如果說由你充當秘書，將小孩所說的話逐字記錄下來，這種作法可以促使小孩更有意願使用這個程序的話，你也可以這麼做。

　　本章最後面的「問題解決技巧作業單之得分計算」可以做為正式增強小孩的方式，而且這個圖表要跟「問題解決技巧作業單」一起使用。你和／或你的小孩要將在一段時間內所完成的所有作業單之問題解決技巧評分（1、2、3 或 4）總計起來，方法是先將評分為 1 和 2 的總數加起來，再將評分為 3 和 4 的總數加起來，如果小孩得到 3 和 4 的評分多於 1 和 2 的評分，小孩便可選擇一種獎賞（請參考第五章的「增強」段落）。

步驟六(b)：實施非正式的問題解決技巧程序

　　你可能選擇不用正式的作業單，但仍然可以用比較非正式的方法來幫助小孩學習和練習問題解決技巧，這個目標可以透過鼓勵你的小孩在必要時運用問題解決技巧來完成。你可以問一些「問題解決技巧作業單」上面的問題，但並不是真的使用作業單，本章最後面的「問題解決技巧」圖表可以用來非正式地幫助小孩運用問題解決技巧，在你指導小孩解決一個特別的問題時，你和你的小孩可以參考這兩個圖表。

　　增強問題解決技巧的非正式方法就是讚美。每次你的小孩解決了一個問題，不管他是透過問題解決技巧作業單或是非正式的問題解決技巧，你都必須讚美他的努力。

將問題解決技巧用來化解衝突

　　人們為什麼會有衝突？通常是因為人們對於如何處理狀況或解決問題的意見不合。有行為問題的小孩跟手足、同儕和其他人經常有許多的衝突，雖然問題解決技巧能夠幫助小孩化解衝突，但是通常這些小孩並不會去使用這些技巧，因為他們不是太生氣，就是根本沒有想到。

　　父母可以透過將問題解決技巧用在化解衝突的這個過程幫助小孩學習。首先，你要確定你的小孩和別的跟他有衝突的小孩都真正了解問題解決技巧的過程，而你可以透過前面「教導小孩問題解決技巧」所提到的所有步驟來讓他們了解；下一步要求你的小孩和別的跟他有衝突的小孩同意在他們下次有衝突時，願意坐下來跟你一起解決問題。你的職責就是引導他們完成問題解決技巧的步驟，同時避免他們彼此責怪，辱罵或大叫等等，假如真的動怒起來，你就要將他們分開，直到他們都平靜下來以後，再重新試一次。你可能需要將「問題解決技巧」圖表放大做成海報，並且放在旁邊藉以指導小孩。另一個替代方法是透過「問題解決技巧作業單」來完成問題解決技巧的步驟。此外，一旦小孩們同意問題的解決方式，你必須協助他們真正按照他們所同意的方法來解決。

再談家庭問題解決技巧

　　上面所描述的程序基本上是針對小孩的問題解決技巧，不過，並不是所有的問題都只和你的小孩有關，再者，有些小孩相當抗拒針對小孩的問題解決技巧，**使用針對小孩的問題解決技巧暗示著小孩是有問題的，而有些小孩對於這類的暗示相當排斥**。所謂「合作性的問題解決技巧」就是跟你的小孩一起解決問題，這裏強調你和你的小孩共同努力解決小孩的問題或是你們之間的問題。家庭問題解決技巧是用來達成合作性問題解決的工具，而且**家庭問題解決技巧**

在某些情況下比針對小孩的問題解決技巧更管用，較年幼的小孩（八到十歲以下）和一些青少年（不喜歡被挑出來特別對待）通常喜歡這種方式，也比較會從這種技巧中獲益。

　　讀者要回到第六章複習有關「家庭問題解決技巧」段落。如果你的小孩抗拒針對小孩的問題解決技巧，那麼你最好只使用家庭問題解決技巧的程序。不過沒關係，即使只強調家庭問題解決技巧的程序，你的小孩仍然會學到問題解決技巧。透過使用家庭問題解決技巧來克服持續性的家庭困難，你的小孩會學到更多的問題解決技巧。

「事先思考」問題解決技巧

　　到目前為止我們已經複習了用來處理立即性問題的問題解決技巧程序，不過，還有另外一種問題解決技巧，就是事先思考如何解決問題或達成目標。這種問題解決方式相當重要，尤其是對於那些在被大人詢問如何達成目標時總是回答「我不知道」的小孩而言更是如此。

「事先思考」問題解決技巧涉及下列的步驟：

1. 我的目標是什麼？
2. 我必須採取那些步驟來完成我的目標？
   步驟 1.
   步驟 2.
   步驟 3.
   步驟 4.
3. 我達成我的目標了嗎？

　　本章最後面的「事先思考」圖表和「事先思考問題解決技巧作業單」可以用來幫助小孩有關事先思考的技巧，父母應該用類似本章「教導小孩問題解決技巧」段落所描述的方法來教導小孩有關事先思考問題解決技巧。

重點摘要

1. 衝動和／或行動之前不先思考的小孩比較會有行為、社交和情緒上的問題。

2. 八歲以下的小孩可能無法從問題解決技巧訓練中獲益。

3. 在解決社交問題時，若是小孩能夠學習更正確地解釋情境和考慮別人的觀點，並且將這兩種技巧當做是問題解決技巧過程中的一部分，通常他們都會因此獲益。

4. 你可以透過指示、示範和指導你的小孩應用這些技巧的方式來教導他問題解決技巧。

5. 導向發現問句涉及詢問你的小孩一些問題，以便幫助他將問題解決技巧應用到真實生活中的困難上面。

6. 問題解決技巧可以用來化解你的小孩和其他小孩或家庭成員之間的衝突，你可以協助你的小孩使用問題解決技巧來解決衝突情境。

7. 事先思考問題解決技巧涉及幫助你的小孩建構出達成目標的必要步驟。

行動之前先思考

　　回到莎莉和布蘭達：布蘭達決定要儘量透過問題解決技巧訓練來教導莎莉在行動之前先思考。剛開始布蘭達在教導她問題解決技巧的過程時強調示範和指導，之後她開始透過「問題解決技巧作業單」來引導莎莉應用問題解決技巧的程序。起先，他們練習將作業單用在假設的問題上面，後來，莎莉被鼓勵在問題情境發生之後運用「問題解決技巧作業單」。莎莉仍然會有不先思考的這類問題，但是在事情過後，她會願意填寫作業單。逐漸地，莎莉開始會自己去運用問題解決技巧的過程，布蘭達有一天很驚訝地聽到莎莉跑來跟她說：「媽，我要利用『問題解決技巧作業單』來解決我跟麥可的問題。」莎莉持續表現出在學習問題解決技巧方面的進步，布蘭達也正式地用「問題解決技巧作業單之得分計算」來增強莎莉所做的努力，而莎莉也正在累積代幣，要用來換一場電影。

本 章 圖 表

問題解決技巧

1.停！問題是什麼？

2.問題是因誰或因什麼而引起？

3.每個人想到和感覺到什麼？

4.有些什麼方法？

5.最好的方法是什麼？

6.實行這個方法。

7.這個方法有效嗎？

注意：假如所發生的問題不是社交問題，步驟2和3可以省略。

❦— 問題解決技巧作業單 —❦

姓名：_____

日期：_____

說明：父母和／或小孩都可以填寫本表格，並應根據手邊的問題回答下列每一
　　　個問句。你可以使用本作業單來解決當場發生的問題，或是當事情過後，
　　　利用本作業單想想怎麼做會比原來的方法更好。

1. **停！問題是什麼？**

2. **問題是因誰或因什麼而引起？**（有選擇性的）找出你自己和別人在引發問題
　　中所扮演的角色。

3. **每個人想到和感覺到什麼？**（有選擇性的）試著「站在別人的立場」看看別
　　人會怎麼想以及有什麼感覺？

4. **有什麼方法（解決方案）？** 列出所有可能用來解決問題的方法（解決方案）。

5. **最好的方法是什麼？** 事先思考步驟 4 的每種方法做下去會有什麼結果，然後
　　再決定那種方法會最有效。

6. **實行這個方法。** 我要如何實行這個方法？我要做什麼才能讓這個方法有效？

7. 這個方法有效嗎？

問題解決技巧評分（圈選一個）

1. 一點也沒有使用問題解決技巧

2. 試著使用問題解決技巧，但不真正有效

3. 努力嘗試，並完成問題解決技巧的步驟，但沒有真正使用最好的方法去解決問題

4. 努力嘗試，並完成問題解決技巧的步驟，而且真正使用最好的方法去解決問題

注意：假如所發生的問題不是社交問題，步驟 2 和 3 可以省略。

範例：問題解決技巧作業單

姓名：＿莎莉＿＿＿＿＿＿＿＿＿＿＿＿＿＿＿＿＿＿＿＿＿＿＿＿＿＿＿

日期：＿星期二＿＿＿＿＿＿＿＿＿＿＿＿＿＿＿＿＿＿＿＿＿＿＿＿＿＿

說明：父母和／或小孩都可以填寫本表格，並應根據手邊的問題回答下列每一
　　　個問句。你可以使用本作業單來解決當場發生的問題，或是當事情過後
　　　利用本作業單想想怎麼做會比原來的方法更好。

1. **停！問題是什麼？**

   我要看一個電視節目，但是我哥哥要看另外一個節目

2. **問題是因誰或因什麼而引起**？（有選擇性的）找出你自己和別人在引發問題
   中所扮演的角色。

   我們兩人都有份，因為我們要看不同的節目

3. **每個人想到和感覺到什麼**？（有選擇性的）試著站在別人的立場看看別人會
   怎麼想以及有什麼感覺？

   我哥哥和我都想看自己的節目，所以我們都很沮喪

4. **有什麼方法（解決方案）**？列出所有可能用來解決問題的方法（解決方案）。

   我看我的節目，他看他的節目；我可以找媽媽幫忙；我們可以試著達成協議

5. **最好的方法是什麼**？事先思考步驟 4 的每種方法做下去會有什麼結果，然後
   再決定那種方法會最有效。

   我會試著和我哥哥達成協議

6. **實行這個方法**。我要如何實行這個方法？我要做什麼才能讓這個方法有效？

   我會要求哥哥用輪流的方式。我會要求他先看我的節目，然後等一下他就可
   以看他的節目

7. 這個方法有效嗎？

他說好，這個方法有效

問題解決技巧評分（圈選一個）

1. 一點也沒有使用問題解決技巧

2. 試著使用問題解決技巧，但不真正有效

3. 努力嘗試，並完成問題解決技巧的步驟，但沒有真正使用最好的方法去解決問題

④ 努力嘗試，並完成問題解決技巧的步驟，而且真正使用最好的方法去解決問題

注意：假如所發生的問題不是社交問題，步驟 2 和 3 可以省略。

───❦◎❦─── 問題解決技巧作業單之得分計算 ───❦◎❦───

姓名：＿＿＿＿＿＿＿＿＿＿＿＿＿＿＿＿＿＿＿＿＿＿＿＿＿

日期：＿＿＿＿＿＿＿＿＿＿＿＿＿＿＿＿＿＿＿＿＿＿＿＿＿

說明：在設定的一段期間結束前，將「問題解決技巧作業單」中的評分總合加
　　　起來。將評分為1和2的總數加起來，然後將評分為3和4的總數加起
　　　來。若3和4的總數多於1和2的總數，小孩便可選擇一種獎賞。

評分為1和2的總數：＿＿＿＿　　　**評分為3和4的總數**：＿＿＿＿

獎賞：＿＿＿＿＿＿＿＿＿＿＿＿＿＿＿＿＿＿＿＿＿＿＿＿

～⊶ 範例：問題解決技巧作業單之得分計算 ⊷～

姓名： *莎莉*

日期： *星期三*

說明：在設定的一段期間結束前，將「問題解決技巧作業單」中的評分總合加
　　　起來。將評分為 1 和 2 的總數加起來，然後將評分為 3 和 4 的總數加起
　　　來。若 3 和 4 的總數多於 1 和 2 的總數，小孩便可選擇一種獎賞。

評分為 1 和 2 的總數： _2_　　　　**評分為 3 和 4 的總數：** _3_

獎賞： *星期五延後上床，並且可以看一部電影*

━━❦━━ 事先思考 ━━❦━━

1.我的目標是什麼？

2.我必須採取那些步驟來達到我的目標？

3.我達到我的目標了嗎？

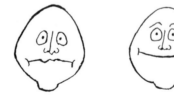

❧ 事先思考問題解決技巧作業單 ❧

姓名：_____

日期：_____

說明：父母和／或小孩都可以填寫本表格，並應根據手邊的問題回答下列每一
　　　個問句。你可以使用本作業單來解決當場發生的問題，或是當事情過後，
　　　利用本作業單想想怎麼做會比原來的方法更好。

1. 我的目標是什麼？

2. 我必須採取那些步驟來達到我的目標？

　　步驟 *1.*

　　步驟 *2.*

　　步驟 *3.*

　　步驟 *4.*

3. 我達成我的目標了嗎？

問題解決技巧評分（圈選一個）

1. 一點也沒有使用問題解決技巧

2. 試著使用問題解決技巧，但不真正有效

3. 努力嘗試，並完成問題解決技巧的步驟，但沒有真正達成我的目標

4. 努力嘗試，並完成問題解決技巧的步驟，而且達成我的目標

範例：事先思考問題解決技巧作業單

姓名： *莎莉*

日期： *星期四*

說明：父母和／或小孩都可以填寫本表格，並應根據手邊的問題回答下列每一
　　　個問句。你可以使用本作業單來解決當場發生的問題，或是當事情過後，
　　　利用本作業單想想怎麼做會比原來的方法更好。

1.我的目標是什麼？

　　在這個暑假找到一個工作

2.我必須採取那些步驟來達到我的目標？

　　步驟1.　*看報紙上的廣告欄*

　　步驟2.　*填寫工作申請書*

　　步驟3.　*打電話到工作場所安排面談*

　　步驟4.　*買一件新襯衫當作面談時的配備*

3.我達成我的目標了嗎？

　　是

問題解決技巧評分（圈選一個）

1.一點也沒有使用問題解決技巧

2.試著使用問題解決技巧，但不真正有效

3.努力嘗試，並完成問題解決技巧的步驟，但沒有真正達成我的目標

④努力嘗試，並完成問題解決技巧的步驟，而且達成我的目標

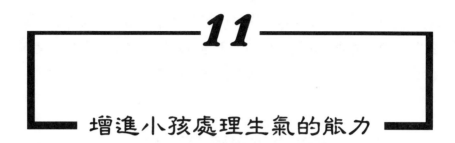

有行為障礙症的小孩經常很難控制他們的生氣，他們可能不懂得如何控制強烈的情緒，但是如果他們無法學會處理這個問題，將來會發生許多個人和社交上的問題。本章將會提供你一些意見讓你幫助你的小孩學習控制生氣。

氣炸了

麥爾斯是一個十四歲的男孩，根據他的父母法蘭克和比佛莉的說法，麥爾斯經常「氣炸了」，一點點小事也會讓他生氣，只要事情不順心或是他覺得挫折，他就一定會爆發脾氣。不管在家裏、在學校、跟父母在一起或是跟他的朋友在一起的時候，他都有這種問題；不管他在那裏或是跟誰在一起，他經常顯得非常生氣。最近的一次是他找不到牛仔褲，結果對著母親大吼；又有一次是他在車庫修理除草機卻修不好，結果他拿起螺絲鉗一丟，弄壞車庫的門。如果父母當面質問他這種行為，他就會變得更生氣。雖然他從未有過暴力行為，但是父母對他的生氣問題愈來愈嚴重這件事情感到憂心忡忡。

何謂生氣問題？

當一個小孩為了一些事情爆發了不成比例的習慣性嚴重生氣時，這個問題就應該要好好地來處理。當一個小孩在許多場合，例如在家裏、在學校、在家中附近等等，出現太頻繁和太嚴重的生氣時，他可能就有生氣問題了。

想想看你的小孩在什麼時候或是在那裏會出現生氣問題是很重要也是必要的，**如果你的小孩只有在跟父母或家庭成員互動才會出現這種問題，那麼這可能不是生氣問題，反而可能是不順從、不遵守規定和／或是家庭衝突的問題，**這時候你必須參考第六、七、八章有關如何處理這些主題的意見。

幫助小孩學習處理生氣

所有的小孩在生活中偶爾會經歷生氣或挫折，但是有些小孩在處理這些感覺方面表現得比其他小孩更好。以下的段落將會提到你該如何來幫助你的小孩培養一些很重要的技巧，以便他們能夠處理一些很強烈，而且通常是負面的情緒。

步驟一：確定你的小孩是否已準備好要學習如何處理生氣

有一些小孩沒有辦法從本章所討論的許多方法中獲益，許多年紀太輕的小孩無法學會管理生氣所需的技巧，通常，年幼的小孩（八到十歲以下）無法學習如何自己處理生氣。再者，有一些小孩心理上太過於防衛，以致於無法學習如何處理生氣，他們都會否認有這類的問題。有時候他們的防衛會強到無法從學習控制生氣當中獲得幫助。

如果你確定你的小孩年紀太輕或是太過防衛，你可能要重新考慮他是否能從處理生氣的指導當中獲益。一個替代性的策略就是純粹教導你的小孩如何了解自己的感覺，以及如何將自己的感覺表達得更好（請參考第十三章）。有許多小孩會因為無法將自己的感覺表達得很好而顯得生氣、挫折、傷心或焦慮等等，因此**父母最好在面對一個管理生氣有問題的小孩時，先從幫助他了解和表達感覺開始。**

另一個替代性的方法就是避免對防衛的小孩使用生氣管理，而只要強調家庭衝突管理（請參考第六章）。如果你的小孩知道是「全家人」一起，而非只

有他一個人在努力做一件事，那麼他的抗拒可能會少一點，而透過家庭衝突管理訓練，你的小孩仍然可以學習到許多有關生氣管理的技巧。

步驟二：定義何謂生氣

你可能會很驚訝地發現有生氣問題的小孩事實上不太會定義何謂生氣。要求你的小孩幫生氣下一個定義，然後再幫助他了解**生氣是一種負面的情緒，一種不愉快的感覺，而且常常在事情沒有按照我們所期待的方式進行時出現**。幫助你的小孩了解生氣的範圍可以從挫折（輕度）到氣憤（中度）到暴怒（重度），要求你的小孩描述一下他在什麼時候或什麼情況下曾經感到挫折、氣憤或暴怒，而且在接下來跟他討論生氣時，確實幫助他定義不同程度的生氣。

步驟三：教導你的小孩辨識生氣的訊號

學習辨識一個人是否生氣涉及要去了解代表情緒高漲的「訊號」，而這個目標可以透過跟你的小孩討論關於訊號的事而達成。首先，向小孩說明每個人都會感到生氣，但是沒有辦法處理生氣時才會成為問題。接著，進一步說明強烈的感覺通常有三個部分，包括「身體部分」、「想法部分」以及「行動部分」。跟你的小孩一起努力在一張紙上列出所有你們想得到的「身體訊號」、「想法訊號」和「行動訊號」。

常見生氣的身體、想法，和行動訊號如下：

身體訊號	想法訊號	行動訊號
・呼吸速度加快	・「我討厭我自己」	・毆打
・心跳速度加快	・「我想要傷害我自己」	・大吼
・流汗增加	・「我討厭他」	・哭泣
・臉色泛紅	・「我要打他」	・威脅
・肌肉緊繃	・「我討厭做家庭作業」	・昏倒
・身體發「熱」	・「我想要砸東西」	・坐立不安

- 「我好笨」   ·發抖
- 「我什麼事都做不好」   ·逃開
- 「我放棄了」   ·退縮

在這些訊號都列出來之後，花一些時間跟小孩討論並且做角色扮演來說明這些訊號代表什麼意思。要求你的小孩回想看看他在什麼時候曾經有過很不高興的經驗，而在那些情境下曾出現過那些訊號。

在討論之後，用角色扮演的方式來說明這些訊號看起來是什麼樣子。舉例來說，你可以先示範，然後再讓小孩角色扮演一個人生氣時肌肉緊繃的樣子。這種示範和角色扮演可以做進一步的練習，也就是父母先表現出很生氣和挫折的樣子，再要求你的小孩指出在你的示範中所出現的訊號，而且這個練習可以重複幾遍，然後再要求你的小孩示範生氣，而由你來指出他所出現的訊號。

步驟四：教導你的小孩放鬆

一旦你的小孩已經學會確認自己是否在生氣，接著他就可以學習處理或降低生氣的技巧。**學習透過放鬆來降低身體的緊張是很重要的第一步，**而且這一步可以用不同的方式來達成，端看小孩的年齡和心思複雜的程度而定。
以下列出你可以用來指導你的小孩放鬆的可能方法：

*1. 深呼吸。*指導、示範，並且讓你的小孩當場表演如何做深呼吸運動，基本的概念就是讓他深深地吸氣，再慢慢地吐氣。

*2. 視覺想像。*讓你的小孩在腦海中想像一幕非常放鬆的場景。舉例來說，他可能想像自己躺在湖中的橡皮艇上面，然後繼續想像自己隨著波浪在湖面上輕輕地上下搖晃，此時夕陽的餘溫正暖暖地照在身上等等情景。你也可以將深呼吸和視覺想像合併起來使用，舉例來說，要求你的小孩想像有一支點燃的蠟燭就在他的正前方，每次當他一呼氣的時候，燭火便被吹得更加微弱，但不致於熄滅。你可以透過討論視覺想像的過程來幫助年輕的小孩建構一些視覺場景，而較大的小孩可能可以自己建構一些視覺場景。

*3. 機器人／碎布娃娃技巧。*機器人／碎布娃娃技巧是適用於年輕小孩

（十歲以下）的一種肌肉緊繃／鬆弛的放鬆技術。首先，要求你的小孩將全身的肌肉緊繃起來，並且想像自己像個機器人，讓他保持這種緊繃的狀態大約十五秒，然後要求你的小孩鬆弛所有緊繃的肌肉，並且想像自己像個碎布娃娃，同時保持這種放鬆的狀態大約十五秒。讓他持續練習機器人／碎布娃娃技巧，直到他知道如何放鬆。

4.**系統性肌肉緊繃／鬆弛放鬆技術**。這種技術比較適用於較大的小孩和青少年（十一歲以上），在許多書店或特別的商店中有一些專業錄製的錄音帶可以協助這方面的訓練。基本的概念就是讓你的小孩一次緊繃一小群肌肉，並且由肢體的下端開始往上練習。舉例來說，讓小孩將他的雙足緊繃起來，維持五到十秒，然後放鬆五到十秒，接下來便可練習小腿、大腿、腹部、胸部、肩膀、頸部、上肢，最後到臉部。在他逐漸往上練習的每一步驟當中，他練習保持特定區域的肌肉緊繃五到十秒，然後放鬆五到十秒，最後，他全身的肌肉會很放鬆。一旦他在這方面練習得很好之後，他便能學會在很快的時間內同時放鬆所有的肌肉群，而達到全身放鬆的狀態。

在幾次的聚會中嘗試一、兩種上述的方法來教導你的小孩放鬆，並且在確定他了解這個技巧之後再進到下一個技巧。

步驟五：教導你的小孩運用調適性的自我談話

處理生氣的下一步就是運用「調適性的自我談話」，也就是用一種有幫助的方式對自己說話。首先向你的小孩說明如果他用一種有幫助的方式對自己說話，他就能更有效地控制生氣。

向你的小孩說明**自我談話涉及對自己說一些話（想法），以便讓自己能夠平靜下來，並告訴他這個目標可以透過下列的自我談話方式來達成：**

- 「放輕鬆」
- 「保持冷靜」
- 「平靜下來」
- 「做一些深呼吸」

- 「我可以應付得來」
- 「如果我做得不好也沒關係」
- 「譚雅不跟我玩讓我很難過，但是其他小孩喜歡跟我一起玩」

- 「我愈來愈緊張了，放鬆　　・「我會盡全力去做」
  一點！」　　　　　　　　　・「儘量不要放棄」
- 「不要讓他干擾我」

　　當你的小孩能夠了解調適性的自我談話目的之後，你接下來就可以開始示範和角色扮演的活動，你可以示範在生氣時如何運用調適性的自我談話。舉例來說，你可以示範在廚房水槽下面修理水管遭遇挫折的情境，首先，你要示範何謂無效的處理（例如扔掉工具、咒罵、大吼等等），下一步你再示範如何在同樣情境下運用調適性的自我談話，例如「我必須放鬆」、「我要冷靜下來」、「我不要讓它打敗」等等。在經過你幾次的示範技巧之後，再要求你的小孩做類似的角色扮演。

步驟六：教導你的小孩採取有效的行動

　　學習有效地處理生氣的最後步驟就是採取行動去解決原先讓他覺得生氣的問題，**採取行動包括表達感覺、要求擁抱、出去散步、放鬆或是對某人表現出自我肯定的行為等等**，第十章所討論到的問題解決技巧也可以採用，很重要的是要告訴你的小孩他仍然必須去解決那件讓他不高興的問題。跟你的小孩一起複習所有的程序，以便讓他了解何謂採取行動和問題解決技巧。

步驟七：示範如何處理生氣

　　非常重要的是你要去示範控制生氣的技巧，而且要持續性地用這種方式處理在家中遇到的一些會讓你感到生氣或挫折的情境。你應該儘量更有效率地處理你自己的感覺，並且做為小孩的良好典範。這個目標可以透過告知小孩你要儘量控制生氣，然後示範如何放鬆，如何運用調適性的自我談話，和如何採取有效的行動等方法來完成。偶爾填寫一下處理生氣作業單（請參考以下的步驟八），然後跟你的小孩一起分享。

步驟八(a)：實施正式的生氣處理程序

最終的目標是要幫助你的小孩將生氣管理技巧應用在真實生活當中。幫助你的小孩運用這些技巧的正式做法就是完成本章最後面的「處理生氣作業單」。要求你的小孩在生氣時填寫此作業單，這張作業單會指導你的小孩透過一步一步的程序來處理生氣。第一步就是小孩寫下讓他感到生氣的事件或問題；第二步是要小孩寫下讓他注意到自己正在生氣的身體、想法和行動訊號；第三、四、五步是關於如何處理生氣（放鬆、運用調適性的自我談話、採取行動等等）；最後，他要用四點評分量表來對自己是否已有效地處理生氣做評分。要提醒你的是學習生氣管理並不容易，因此你的小孩偶爾還是會爆發脾氣，但是你仍然可以要求他在事後填寫作業單。

你的小孩可以自行填寫或是在你的指導之下填寫這張作業單，端視你認為何種方法較適合他而定，重要的不是誰來填寫這個表格，而是你有沒有真正用這個表格結構出你處理生氣的過程。

很重要的是要使用增強來提昇小孩運用生氣管理的技巧，而增強的正式方法就是使用本章最後面的「處理生氣作業單之得分計算」圖表，這個圖表要和「處理生氣作業單」一起使用。在設定的一段時間結束前，將「處理生氣作業單」中評分為 1 和 2 的總數加起來，然後將評分為 3 和 4 的總數加起來，並且將這些資料轉入得分計算圖表當中，如果 3 和 4 的總數較多，你的小孩便可獲得一種增強（請參考第五章的「增強」段落）。

步驟八(b)：實施非正式的生氣處理程序

幫助小孩在日常生活情境中應用這些新技巧的非正式方法，就是要求他在必要時運用這些技巧。當你的小孩感到生氣或挫折時，你可以提醒他「這是練習處理生氣的好機會哦！」本章最後面的「冷靜下來」圖表可以充當視覺上的暗示，用來引導你的小孩完成生氣管理的步驟，你要提醒小孩在他嘗試冷靜下

來的時候，要去看看這張圖表。儘量使用導向發現問句來引導你的小孩運用生氣管理技巧。（有關導向發現問句的資料，請參考第十章步驟五。）

非正式的增強就是你要去注意、談論或讚美小孩運用這些技巧的情況。你要儘量經常對你的小孩做定期的增強，才足以促進他使用這些技巧的能力。

重點摘要

1. 一個有嚴重生氣問題的小孩會經常出現許多個人和社交問題。
2. 如果一個小孩只有在和父母或其他家庭成員互動時才會生氣，那麼他可能不是有真正的生氣問題，而是表示親子之間或是家庭出了問題。
3. 年幼（八到十歲以下）和／或抗拒的小孩可能無法從學習處理生氣中獲益。
4. 教導你的小孩辨識與生氣有關的身體、想法和行動訊號。
5. 教導你的小孩用放鬆技巧來處理生氣。
6. 教導你的小孩用調適性的自我談話來處理生氣。
7. 教導你的小孩用有效解決問題的行動來處理生氣。

避免脾氣爆發

回到麥爾斯、法蘭克和比佛莉：法蘭克和比佛莉決定對麥爾斯採取一些行動，他們跟他一起坐下來，並且向他說明如何學習使用處理生氣的技巧來控制自己的生氣。剛開始麥爾斯很抗拒，但是經過一次善意的討論之後，他開始了解自己可以從學習生氣控制的技巧中獲益。他們完成了所有的步驟和程序，包括學習如何辨識自己是否在生氣，以及學習如何透過放鬆，運用調適性的自我談話，和採取有效的行動等方法來處理生氣的感覺。麥爾斯和他的父母達成共識，決定當他能夠有五次成功地使用「處理生氣作業單」時，他就可以依他的選擇得到參加一場音樂會做為獎賞。剛開始麥爾斯顯得有些困難，甚至有一次他的母親要求他使用生氣管理技巧，卻惹得他更加地生氣。不過在一段時間之後，麥爾斯逐漸學會使用生氣管理的策略，雖然他仍偶爾會生氣，但是他脾氣爆發的頻率比以前減少，而且他也漸漸地覺察到自己的生氣問題。

本　章　圖　表

❧ 處理生氣作業單 ❧

姓名：＿＿＿＿＿＿＿＿＿＿＿＿＿＿＿＿＿＿＿＿＿＿＿＿＿

日期：＿＿＿＿＿＿＿＿＿＿＿＿＿＿＿＿＿＿＿＿＿＿＿＿＿

說明：小孩和／或父母都可以填寫此作業單，而且最好是在你正生氣時填寫此
　　　單，不過在生氣完後再填寫也沒關係。

1. 什麼事情讓我覺得生氣？

2. 什麼訊號讓我注意到我正在生氣？

　⑴**身體訊號**

　⑵**想法訊號**

　⑶**行動訊號**

3. 做什麼可以放鬆我的身體？

4. 什麼「調適性的自我談話」可以幫助我控制我的想法？

5. 我可以採取什麼有效的行動來處理狀況或解決問題？

處理生氣評分（圈選一個）

1. 完全沒有試著去處理生氣

2. 部分嘗試去處理生氣，但沒有效

3. 認真嘗試去處理生氣，但沒有效

4. 認真嘗試去處理生氣，而且有效

範例：處理生氣作業單

姓名：　<u>麥爾斯</u>

日期：　<u>星期日</u>

說明：小孩和／或父母都可以填寫此作業單，而且最好是在你正生氣時填寫此單，不過在生氣完後再填寫也沒關係。

1. 什麼事情讓我覺得生氣？

<u>隔壁的小孩不斷地騷擾我和我的朋友</u>

2. 什麼訊號讓我注意到我正在生氣？

(1)**身體訊號**

<u>我的肌肉緊繃，心臟砰砰地跳</u>

(2)**想法訊號**

<u>我希望他走開，他會搶走我的朋友</u>

(3)**行動訊號**

<u>我對他大吼</u>

3. 做什麼可以放鬆我的身體？

<u>我要做一些深呼吸，試著放鬆我的身體</u>

4. 什麼「調適性的自我談話」可以幫助我控制我的想法？

<u>「不要讓他干擾我」、「保持冷靜」、「放輕鬆」</u>

5. 我可以採取什麼有效的行動來處理狀況或解決問題？

<u>我要跟他講，要求他讓我和我的朋友單獨玩，如果這個辦法沒效，我會要求爸爸幫忙</u>

處理生氣評分（圈選一個）

1. 完全沒有試著去處理生氣

2. 部分嘗試去處理生氣，但沒有效

3. 認真嘗試去處理生氣，但沒有效

④. 認真嘗試去處理生氣，而且有效

❦❧ 處理生氣作業單之得分計算 ❦❧

姓名：_____

日期：_____

說明：在設定的一段時期結束前，將處理生氣作業單中的評分總計起來。將評
　　　分為 1 和 2 的總數加起來，然後將評分為 3 和 4 的總數加起來。若 3 和 4
　　　的總數多於 1 和 2 的總數，小孩便可選擇一種獎賞。

評分為 1 和 2 的總數：_____　　　　　**評分為 3 和 4 的總數：_____**

獎賞：_____

❧❧❦ 範例：處理生氣作業單之得分計算 ❦❧❧

姓名：__麥爾斯__

日期：__星期一__

說明：在設定的一段時期結束前，將處理生氣作業單中的評分總計起來。將評
　　　分為1和2的總數加起來，然後將評分為3和4的總數加起來。若3和4
　　　的總數多於1和2的總數，小孩便可選擇一種獎賞。

評分為1和2的總數：__3__　　　　　**評分為3和4的總數：__5__**

獎賞：　__在星期五讓一位朋友來家裏過夜__

冷靜下來

1.我在生氣嗎？

2.將我的身體冷靜下來

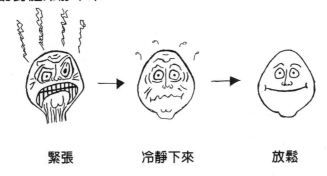

緊張　　　　　　冷靜下來　　　　　放鬆

3.使用冷靜想法

沒關係，我可以處理。

我要儘量放輕鬆。

我不要被它打敗！

4.採取行動來解決問題

12

增進小孩管理自己學業的行為技巧

　　學業上的成功對小孩非常重要。目標並不是要將小孩變成學術天才，而是讓他們在經過一段時間的學術薰陶之後，在面對功課時可以獲得成功和滿足，而非失敗和洩氣。為了得到學業上的成功，小孩必須學習除了學業知識以外的一些技巧，如果缺乏這些技巧，小孩的學業就會比較不順利。本章將會提到如何幫助小孩培養管理自己學業的行為技巧。

沒有充分發揮潛力

　　十三歲的巧可很聰明，她在標準化的成就測驗上面表現得很好，但是在學校成績不好。很顯然地，她有足夠的能力，而且她也在努力學習，但是她無法做好得高分必備的每日例行功課。巧可的父母芮可和金姆，接到老師所寫的聯絡單，裏面提到「巧可經常中斷工作」、「巧可無法完成指定的作業」以及「巧可沒有充分發揮潛力」。

何謂管理自己學業的行為技巧？

　　光是每天上學不代表能夠獲得學業上的成功，為了要在學校中表現得很好，小孩必須擁有跟學科無關的一些技巧，這些技巧可以統稱為「管理自己學業的行為」。沒有組織能力的小孩或是無法預算時間的小孩在學校中會經常中斷工作；讀書技巧不好的小孩比較容易會有學業上的困難。有管理自己學業行為技

巧的小孩擁有良好的組織能力和良好的讀書技巧，並且可以持續進行工作。父母在學校的參與程度和小孩學業上的成功有關聯，也會對小孩管理自己學業的行為有重大影響。

改善你小孩的組織技巧

你可以運用許多策略和方法來幫助你的小孩培養組織技巧。年幼的小孩比年長的小孩需要更多的監督和協助，因此，你所要教導的技巧必須隨著小孩的年齡做調整。

以下列出一些可能會有幫助的組織策略：

1. 作業聯絡簿制度。教導你的小孩記下他的作業，拿一本活頁筆記簿或商用日曆來用，幫助他設計一套制度，讓他在上面記載所有的作業，以及作業必須在什麼時候之前完成，然後在作業完成之後加以查驗。

2. 時間預算。教導你的小孩如何運用時間，幫助他設計一套制度，讓他在上面以一天或一週為單位，記載所有他必須完成的工作，然後估計每件工作需要花費多少時間。接著他開始在日曆上計畫他要從什麼時候以及花多少時間來完成每一件作業。舉例來說，當你的小孩坐下來寫每天的家庭作業時，他可以先寫下當天所有的作業，然後對每一項作業分配特定的一段時間，對於比較長的作業，計畫的時間也要加長。舉例來說，如果你的小孩必須寫報告或做特別的專題計畫，他可以先計畫一下，然後記載在幾個星期當中他所要完成不同步驟的時間表（例如什麼時候上圖書館、什麼時候開始寫等等）。

3. 組織化的清單。你的小孩可以在你的指導之下設計組織化的清單，一般來說，這裏指的是將組成大活動的次級活動通通列出來，然後你的小孩在完成大活動的時候，必須查驗所有的次級活動。組織化的清單可以用來準備早晨上學、準備一天結束後從學校回家、準備做家庭作業或是做數學問題等等。在本章最後面的「範例：組織化的清單」可以提供一些意見。

改善家庭作業

透過常規的培養，小孩可以改善他做家庭作業的技巧。

以下是一些值得遵守的良好常規：

　　1. 在你的家中指定一個讀書空間。空出一個地方讓你的小孩讀書，這個地方必須沒有干擾，擁有適度的照明，並且供給必需的文具用品（例如紙、鉛筆、橡皮擦等等）。理想上，這個空間應該要用一些海報或藝術品佈置舒適一點，以便讓小孩喜歡在這個地方花時間讀書。

　　2. 指定做家庭作業的時間。舉例來說，你可能要求你的小孩在下午五點到六點之間寫功課讀書。而且，不管小孩有沒有家庭作業，你都應該指定一段家庭作業的時間，如此一來，小孩會覺得反正都要做功課，他就比較不會趕作業或是「忘記」做作業。

　　3. 教導你的小孩將家庭作業組織化。透過幫助他看到要做那些工作、計畫如何做和每件工作要花多少時間等方法來協助你的小孩將每天的家庭作業組織化起來。

　　4. 休息一下。幫助你的小孩在做家庭作業時能夠定期休息一下。有時候期望你的小孩能夠坐下來專心讀一個小時的書是不切實際的做法，因為每個小孩在持續進行工作和注意力方面的能力各有不同，因此你必須把這些因素考慮在內。對於這方面特別有困難的小孩，你可能要讓他讀十分鐘，休息五分鐘，再讀十分鐘，休息五分鐘，或是用其他的時間比例分配。

　　5. 協助你的小孩。隨時協助或檢查小孩的功課，但不要幫他做。

　　6. 讚美你的小孩。讚美你小孩的讀書行為很重要，不過，大多數的專家都同意不要用金錢來獎賞小孩的讀書行為，因為給他們錢並不會激勵他們為學習而學習的意願。讚美和鼓勵會鼓舞小孩的學習動機，而且你要讚美小孩在追求學術活動過程中所表現出來的努力態度，也就是說，你要讚美小孩辛苦完成一天的工作、做完作業、讀了一篇文章等等，而不要針對他是否得到高分。**只**

要你的小孩因自己的努力而受到增強，那麼好成績就會跟隨而來。

幫助小孩監督自己持續進行工作

有許多小孩經常中斷工作，他們的注意力渙散，也常常無法將工作完成。**有一些小孩的確需要接受自我監督訓練（覺察到自己的狀況），才能夠更持續地進行工作**。這個段落將會複習一些自我監督的程序，你可以用來在家中幫助你的小孩學習這個很重要的技巧，進而改善他持續進行工作的行為能力。通常，這個自我監督練習是在做家庭作業的時間當中執行，但是也可以在做其他工作當中執行（例如做家事）。超過八歲的小孩自我監督比較能夠成功；八歲以下的小孩可能需要靠父母做更多的外在監督，才能夠確保他們持續進行工作。

步驟一：指導你的小孩有關進行工作的行為

你的小孩必須很清楚地了解何謂進行工作的行為，你要幫他將這個行為定義清楚，然後示範這個行為。舉例來說，關於家庭作業，你要向小孩解釋所謂進行工作的行為，就是注視著自己的功課、用筆接觸紙張、寫字、計算、閱讀等等。若是你能夠示範這些行為，將會很有幫助。

步驟二：利用自我監督來改善進行工作的行為

在本章最後面的「持續進行工作」圖表可以用來幫助你的小孩改善進行工作的行為。第一個步驟是對你的小孩指定一個工作以及完成這個工作所需的時間；你的小孩在完成這個工作的過程中，必須努力持續進行工作；當時間結束之後，你的小孩和你兩人則依照「持續進行工作」圖表所描述的準則來評估他持續進行工作的表現如何。

剛開始最好強調小孩的評分是否和你的評分互相吻合，你可以在他的評分

吻合你的評分時，提供他一種增強物（請參考第五章的「增強」段落）。在這個時候，小孩是否真正改善進行工作的行為並不重要，重要的是他的評分吻合你的評分。透過強調評分的吻合，你的小孩會對於他是否持續進行工作有更多的覺察能力。繼續這種程序，直到你的小孩對自己進行工作的行為有很好的觀察能力為止。

　　下一個步驟是利用「持續進行工作」圖表來改善進行工作的行為。這個步驟有賴於小孩真正在圖表上得到3、4或5的評分，然後你可以在他得到良好評分之後，提供他一個增強（請參考第五章的「增強」段落）。

增加父母對學校的參與

一般的建議

　　你可以運用許多常識程序來增加你對小孩學校相關活動的參與。首先可能也是最主要的是，**你要讓你的小孩知道你很重視他的學業**，不要用說教的方式，而是要以平常的態度來跟小孩討論教育的價值。更重要的關鍵在於他是不是看見你也親自真正投入你自己的學習過程裏面，你的學習過程可以是正式的，例如選修課程，或是非正式的，例如觀看教育性的電視節目或閱讀等等。最好你的小孩能夠看到你真正在實行你所鼓吹的提昇教育價值之類的事情。

　　另一個實用的建議是**和學校工作人員不斷地保持接觸**，只要可能，應儘量參加學校的各類聚會，這些包括學校的研討會、日間訪視、會議，以及你的小孩在課間和課後所參與的活動。為了要真正地參與，你必須主動和學校工作人員不斷地保持接觸，而不是只有在問題發生之後才如此做。

　　另外一個有用的策略是**協助你的小孩做功課**，這意謂著當你的小孩在做家庭作業或計畫學校相關的活動時，可以隨時來請求你的協助。你不可以幫他做功課，但是你要在旁邊協助他做決定、計畫、組織等等。

家庭與學校聯絡單制度

透過學校工作人員和父母形成的結構化合作關係來加強學校和家庭的聯繫是一件很有用的事情。當學校和家庭共同努力時，你小孩的學業努力會比較容易成功。

家庭與學校聯絡單制度經常可以幫助你監督小孩在學校的進步情況，在實施這個程序時，你和小孩的老師彼此同意用一個聯絡家庭和學校之間的制度來做持續的溝通。許多老師手邊已經有這樣的制度。

基本的想法是讓小孩扮演輸送工具，將聯絡單每天傳送於父母和老師之間。剛開始對小孩可能會有困難，但是時間一久而且經過增強之後，他就會學習將家庭與學校聯絡單的輸送者角色扮演得更成功。有時候，如果小孩一直忘記帶聯絡單的話，你必須施以輕度的處罰。通常，可以設計表格針對一些特定的行為（例如持續進行工作、完成教室內的功課、跟老師合作等等），以及你的小孩每天在這些行為方面的表現如何（例如差、還好、很好等等）。老師在表格上簽名之後，讓小孩帶回家，然後你連署之後，隔天再讓小孩帶回學校。你可以選擇在家中施以獎賞或處罰，端看你的小孩那天在學校的行為表現而定。

本章最後面可以找到「家庭與學校聯絡單」的樣本，這張聯絡單可以依照小孩的獨特需要而做修正。

密切的家庭與學校合作計畫

有時候因為小孩在學校出現的問題太過嚴重，必須採取更結構化、更積極的家庭與學校合作計畫，此時，父母和學校工作人員經常要參與一連串的學校特別會議，以便讓家庭和學校一起來幫助小孩在學校中獲得更多的成功。

本章最後面的「父母與學校合作計畫作業單」可以用來跟學校的行政人員做有效率的合作，這張作業單應該在父母和學校工作人員的面對面商談之下完成。它提供一些結構，用來定義小孩的學校問題，用來計畫幫助小孩的技巧／

策略，用來指定每個人的責任，也用來計畫定期回顧。這張圖表可以依照小孩和學校的獨特需要而做修正。

重點摘要

1. 不管小孩的能力如何，若要學業成功，管理自己學業的行為是必備的條件，這些行為包括組織技巧、讀書技巧、持續進行工作的能力等等。
2. 運用作業聯絡簿、時間預算和組織化的清單等方法來教導你的小孩改善組織技巧。
3. 透過提供良好讀書環境、培養常規、將家庭作業組織化、有計畫的休息以及讚美小孩對家庭作業所做的努力等方法，來教導你的小孩改善家庭作業。
4. 透過自我監督訓練來教導你的小孩增加進行工作的行為，這涉及訓練他觀察自己的行為以及評估自己的表現。
5. 如果父母增加對學業的參與，小孩的學業表現將會改善。你可以運用家庭與學校聯絡單來達到這個目的。
6. 父母與老師的合作計畫可以用來協調父母和老師，以便更有效率地為小孩的利益共同努力。

充分發揮潛力

回到巧可、芮可和金姆：芮可和金姆決定幫助巧可培養學業成功必備的技巧，剛開始他們先透過自我監督訓練來加強進行工作的行為，而巧可將自我監督的程序用在家庭作業上面。他們也和老師碰面，並且設計一套家庭與學校聯絡單制度，以便更密切地監督巧可的學習進展。家庭與學校聯絡單所針對的行為目標包括持續進行工作，完成指定作業，以及有效地運用時間。他們也幫助巧可為家庭作業設計組織化的清單。經過一段時間之後，巧可成功地培養出管理自己學業的行為，每一個人都為巧可成績愈來愈進步感到高興。

本 章 圖 表

❧❧❧ 範例：組織化的清單 ❧❧❧

關於早上準備上學

____早上六點半起床

____刷牙洗臉

____穿好衣服

____吃早餐

____拿書包

____搭公車

關於從學校準備回家

____拿書包

____把該帶的書裝進書包

____把該帶的作業一覽表裝進書包

____請老師簽家庭與學校聯絡單

____把家庭與學校聯絡單裝進書包

____搭公車

關於家庭作業

____拿出所需要的書

____削鉛筆

____寫下所有必須完成的作業

____做家庭作業

____檢查作業

____需要時請求協助

關於數學作業簿

____拿出作業簿

____注視每個數學習題的「符號」

____解數學習題

____需要時請求協助

❧❧❧ 持續進行工作 ❧❧❧

姓名：＿＿＿＿＿＿＿＿＿＿＿＿＿＿＿＿＿＿＿＿＿＿＿

日期：＿＿＿＿＿＿＿＿＿＿＿＿＿＿＿＿＿＿＿＿＿＿＿

說明：在下面寫下你要做什麼事情（例如學校功課、整理房間、特別計畫等
　　　等），以及你要花多少時間做這件事情。當你完成事情或時間到了之後，
　　　你自己先評估持續進行工作的表現如何，然後父母也會評估你的表現。

要完成的工作及所需時間

1. 我會在這段時間內努力完成這件工作：

小孩的評估

2. 我自己持續進行工作的表現如何？（圈選一個）

1	2	3	4	5
一點也不	一點點	還好	相當好	非常好

父母的評估

3. 小孩持續進行工作的表現如何？（圈選一個）

1	2	3	4	5
一點也不	一點點	還好	相當好	非常好

獎賞

4. 如果我的評估和父母的評估相同，我可以得到下列獎賞：

或

5. 如果我的父母圈選 3、4、5 時，我可以得到下列獎賞：

❧❧ 範例：持續進行工作 ❧❧

姓名：__巧可__

日期：__星期一__

說明：在下面寫下你要做什麼事情（例如學校功課、整理房間、特別計畫等
　　　等），以及你要花多少時間做這件事情。當你完成事情或時間到了之後，
　　　你自己先評估持續進行工作的表現如何，然後父母也會評估你的表現。

要完成的工作及所需時間

1. 我會在這段時間內努力完成這件工作：

　　__下午五點到六點做家庭作業__

小孩的評估

2. 我自己持續進行工作的表現如何？（圈選一個）

1	2	3	④	5
一點也不	一點點	還好	相當好	非常好

父母的評估

3. 小孩持續進行工作的表現如何？（圈選一個）

1	2	3	④	5
一點也不	一點點	還好	相當好	非常好

獎賞

4. 如果我的評估和父母的評估相同，我可以得到下列獎賞：

　　__星期五晚上延後上床__

或

5. 如果我的父母圈選 3、4、5 時，我可以得到下列獎賞：

　　__星期五晚上延後上床__

⠶⠶⠶ 家庭與學校聯絡單 ⠶⠶⠶

姓名：＿＿＿＿＿＿＿＿   日期：＿＿＿＿＿＿＿

早　上	圈選一個		
服從老師和教室規則	差	還好	很好
持續進行工作	差	還好	很好
跟同學正向地互動	差	還好	很好

意　　見：＿＿＿＿＿＿＿＿＿＿＿＿＿＿＿＿＿

老師簽名：＿＿＿＿＿＿＿＿＿＿＿＿＿＿＿＿＿

下　午	圈選一個		
服從老師和教室規則	差	還好	很好
持續進行工作	差	還好	很好
跟同學正向地互動	差	還好	很好

意　　見：＿＿＿＿＿＿＿＿＿＿＿＿＿＿＿＿＿

老師簽名：＿＿＿＿＿＿＿＿＿＿＿＿＿＿＿＿＿

今天的家庭作業共有：＿＿＿＿＿＿＿＿＿＿＿＿＿＿＿＿＿＿＿＿

＿＿＿＿＿＿＿＿＿＿＿＿＿＿＿＿＿＿＿＿＿＿＿＿＿＿＿＿＿＿＿

＿＿＿＿＿＿＿＿＿＿＿＿＿＿＿＿＿＿＿＿＿＿＿＿＿＿＿＿＿＿＿

父母／監護人檢閱

父母／監護人簽名：＿＿＿＿＿＿＿＿＿＿＿＿＿＿＿＿＿＿＿＿

⚜⚜ 父母與學校合作計畫作業單 ⚜⚜

姓名：＿＿＿＿＿＿＿＿＿＿＿＿＿＿＿＿＿＿＿＿＿＿＿＿＿＿＿

日期：＿＿＿＿＿＿＿＿＿＿＿＿＿＿＿＿＿＿＿＿＿＿＿＿＿＿＿

說明：父母和學校工作人員可以使用這張作業單來一起合作計畫，以便跟在學校中有注意力和行為問題的小孩共同努力。這個表格應該在父母、老師及學校工作人員的面對面商談之下完成。這個程序不應取代正常的學校計畫之進行。

1. **界定所有可能關心的問題**。查驗小孩出現的所有問題：

＿＿＿經常中斷工作　　　　＿＿＿無法完成家庭作業

＿＿＿無法完成學校的指定作業　＿＿＿脫口說出或竊取其他小孩

＿＿＿跟大人爭辯　　　　　　　　的秘密

＿＿＿無法遵守學校規定　　＿＿＿經常生氣／低挫折忍受力

＿＿＿社交技巧差／人緣差　＿＿＿衝動／行動前沒有先思考

＿＿＿傷心或容易緊張　　　＿＿＿不表達感覺

＿＿＿想一些沒有幫助的想法　＿＿＿其他

＿＿＿組織能力差

2. **從以上的項目中選出最關心的兩項問題**

最關心的一項：＿＿＿＿＿＿＿＿＿＿＿＿＿＿＿＿＿＿＿＿

次關心的一項：＿＿＿＿＿＿＿＿＿＿＿＿＿＿＿＿＿＿＿＿

3. **界定所有可能用來在學校跟小孩一起努力並建立父母和學校合作關係的方法。**

查驗所有可用的方法：

＿＿＿訓練小孩自我監督來增加他持續進行工作的能力

＿＿＿訓練小孩使用家庭作業聯絡單

＿＿＿訓練小孩使用組織化的清單

＿＿＿為下列行為設計在學校實施的行為管理方案：

＿＿＿＿＿＿＿＿＿＿＿＿＿＿＿＿＿＿＿＿＿＿＿＿＿＿＿＿

＿＿＿訓練小孩的問題解決技巧

_____訓練小孩的社交技巧／社交問題解決技巧

_____訓練小孩的生氣／挫折管理能力

_____使用家庭與學校聯絡單溝通下列的問題：

_____

_____訓練小孩表達感覺

_____訓練小孩想一些有幫助的想法

_____其他_____

4. **從以上的項目中選出最適合的兩種方法**

最適合的方法：_____

次適合的方法：_____

5. **決定及界定父母和學校工作人員的角色／責任：**

(1)父母的角色／責任是什麼？

_____

(2)老師的角色／責任是什麼？

_____

(3)其他學校工作人員的角色／責任是什麼？

_____

6. **定期回顧／更新：**

(1)回顧要如何舉行（例如打電話、開會等等）？

_____

(2)回顧要多久舉行一次（例如每週、每月等等）？

_____

(3)誰應參與回顧？

_____

同意者簽名

_____　　_____　　_____

_____　　_____　　_____

⚜️　範例：父母與學校合作計畫作業單　⚜️

姓名：　*巧可*

日期：　*星期三*

說明：父母和學校工作人員可以使用這張作業單來一起合作計畫，以便跟在學校中有注意力和行為問題的小孩共同努力。這個表格應該在父母、老師及學校工作人員的面對面商談之下完成。這個程序不應取代正常的學校計畫之進行。

1. **界定所有可能關心的問題**。查驗小孩出現的所有問題：

✓　經常中斷工作	✓　無法完成家庭作業
＿＿＿無法完成學校的指定作業	＿＿＿脫口說出或竊取其他小孩
✓　跟大人爭辯	的秘密
✓　無法遵守學校規定	＿＿＿經常生氣／低挫折忍受力
＿＿＿社交技巧差／人緣差	＿＿＿衝動／行動前沒有先思考
＿＿＿傷心或容易緊張	＿＿＿不表達感覺
＿＿＿想一些沒有幫助的想法	＿＿＿其他
✓　組織能力差	

2. **從以上的項目中選出最關心的兩項問題**

最關心的一項：　*跟大人爭辯*

次關心的一項：　*無法完成家庭作業*

3. **界定所有可能用來在學校跟小孩一起努力並建立父母和學校合作關係的方法。**

查驗所有可用的方法：

＿＿＿訓練小孩自我監督來增加他持續進行工作的能力

✓　訓練小孩使用家庭作業聯絡簿

✓　訓練小孩使用組織化的清單

✓　為下列行為設計在學校實施的行為管理方案：

爭辯，無法遵守規定

＿＿＿訓練小孩的問題解決技巧

_____訓練小孩的社交技巧／社交問題解決技巧

_____訓練小孩的生氣／挫折管理能力

✓ 使用家庭與學校聯絡單溝通下列的問題：

　　争辯、無法遵守規定、無法完成家庭作業

_____訓練小孩表達感覺

_____訓練小孩想一些有幫助的想法

_____其他_____

4. **從以上的項目中選出最適合的兩種方法**

最適合的方法：　在學校實施的行為管理方案

次適合的方法：　家庭與學校聯絡單

5. **決定及界定父母和學校工作人員的角色／責任：**

(1)父母的角色／責任是什麼？　每天檢查家庭與學校聯絡單，若在學校表現

良好則給予獎賞

(2)老師的角色／責任是什麼？　填寫家庭與學校聯絡單，並讓小孩帶回家

(3)其他學校工作人員的角色／責任是什麼？　輔導老師負責設計在學校實施

的行為管理方案

6. **定期回顧／更新：**

(1)回顧要如何舉行（例如打電話、開會等等）？　打電話

(2)回顧要多久舉行一次（例如每週、每月等等）？　每週

(3)誰應參與回顧？　父母和老師

同意者簽名

巧可_____　　　芮可_____　　　金姆_____

傑克森小姐_____　　　華盛頓先生_____　　　_____

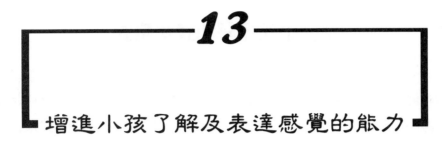

有行為問題的小孩常會在了解及表達自己的感覺方面有困難，他們常常壓抑感覺或是「大發脾氣」，而無法直接表達他們的感覺。本章將提供一些方法來幫助小孩學習將他們的感覺表達得更好。

究竟發生什麼事情？

十一歲的多明尼克跟其他小孩比較起來總顯得反抗且具攻擊性，他的父母凱莎及威利，必須時常去應付多明尼克亂發脾氣。最近多明尼克顯得有些傷心退縮，他很少提及他的問題和感覺。凱莎有時候會關心地問多明尼克：「究竟發生什麼事情？」

感覺和小孩的行為問題有什麼關聯？

在處理感覺方面有困難可能是行為問題的結果或造成原因。有一些小孩會因行為問題而遭受別人的負面批評，同時在日常生活中較少有成功的經驗，日子一久，他們便開始將感覺封鎖起來，因為要面對這些感覺太痛苦了。這些小孩可能會有情緒問題，有些小孩變得容易生氣、挫折、傷心等等，而且因為他們不懂得如何將感覺說出來，於是他們便透過反抗、攻擊或其他情緒發洩的方式來表達。因此，若能幫助這些小孩處理感覺，就能讓他們覺得好過一點，也可以減少行為問題。

幫助小孩了解和表達感覺

情緒健康的基本條件就是了解和表達自己感覺的能力。**學習了解和表達感覺並不能解決問題，但是卻可以幫助小孩調適心情並且讓自己感到好過一點。**父母可以幫助他們的小孩學習如何用更好的方式來表達感覺。

步驟一：增加你小孩的「感覺詞彙」

如果你的小孩在他的詞彙裏沒有適當的感覺字眼，他就無法將特定的情緒表達得很好。舉例來說，假如你的小孩不了解也不會使用「憤怒」這個字，那麼他在極度生氣的時候，可能就無法適當地表達自己的感覺，於是他便可能將他的感覺「動作外化」。

要幫助你的小孩增加感覺詞彙的第一步就是教導他認識各種不同的感覺，你可以參考本章最後面的「感覺詞彙圖表」，在這個圖表中有列出各種不同的感覺用字及其附帶的面部表情，你可以影印一份給你的小孩做參考。詢問你的小孩是否了解圖表中的全部用字，也詢問他是否經歷過圖表中所列出的感覺。你可以幫助小孩複習和解釋列在圖表中的感覺，如果你不確定該如何解釋，你可能需要去問問別人或去查字典。很重要的是，你必須很清楚地解釋，以便小孩可以了解每一種感覺。對於較年幼的小孩，你可以集中選擇十種感覺，而不用教導他認識所有的感覺。

跟小孩討論或角色扮演可能會引發情緒的各種狀況是有幫助的，舉例來說，有一個人晚上躺在床上休息，突然聽到一聲巨響時，可能會感覺到「受驚嚇」。儘量讓你的小孩主動投入來討論會引發各種不同感覺的狀況。

步驟二：示範如何表達感覺

　　小孩學習如何表達感覺的一個很有力的方式是透過觀察父母。如果父母將他們的感覺藏在心裏，那麼小孩可能也會用同樣方式來處理自己的情緒。如果小孩觀察到父母很真實地表達感覺，那麼小孩很可能會跟著這麼做。不要低估你自己示範表達感覺的影響力。

　　當你有感覺要表達時，要盡量察覺時機，當時機正確，而你的小孩也在場，可以觀察到你的示範時，你就可以練習表達這些感覺。這個步驟可以用正式或非正式的方法來做，正式的方法就是在你涉及經歷情緒時，拿出「感覺詞彙圖表」，指出面部表情，然後使用圖表中的字眼來表達你的感覺；舉例來說，如果食物在爐子上面燒焦了，此時你就把感覺詞彙圖表拿來，然後指著失望和挫折等感覺，再說出感覺。非正式的方法就是當你在經歷一些情緒時，就同時將這些感覺大聲說出來；舉例來說，當食物在爐子上面燒焦時，你就大聲地說你感覺到既失望又挫折。

步驟三：練習覺察和表達情緒

　　練習覺察和表達感覺的一個很有力的方式，就是不斷地去討論每天發生的事情所引發的感覺。當你看到你的小孩正在經歷情緒時，要求他表達出來，舉例來說，當你的小孩正因不知如何組合玩具而顯得挫折時，你應該要求他表達出他的感覺，幫助他的方法可以是問一些開放式問句，譬如「你現在覺得怎麼樣？」或是問一些封閉式問句，譬如「你覺得挫折嗎？」當你想要小孩表達感覺時，有時候你必須持續而且要讓小孩覺得受到支持。持續地問一些問題並且提供支持，直到小孩表達感覺，**但是如果小孩對於你的問題顯得有太大的挫折感的話，就不要再繼續問下去，你可以下次再試試看。**

　　幫助小孩了解自己情緒的最後一種方法就是為他標示感覺，這種方法對於較年幼的小孩或是當小孩有抗拒或不願參與討論時特別有用。舉例來說，當你

注意到你的小孩正因不知如何組合玩具而顯得挫折時，你只要簡單地說：「你看起來很挫折。」這種標示技巧可以適用到小孩的各類情緒經驗和狀況。

步驟四(a)：實施正式的程序來幫助你的小孩表達感覺

幫助你的小孩練習覺察和表達感覺的一個正式方法就是利用本章最後面的「感覺日記」，讓你的小孩利用「感覺日記」寫下每天發生的正向和負向事件，同時寫下事件所引發的感覺。

小孩可以選擇將日記跟別人分享或自己保留，如果父母也填寫感覺日記並且跟小孩分享，通常小孩會很有收穫，因為這麼做會讓小孩感覺較不孤單，同時也會因觀察父母而增進學習的收穫。不過，如果你決定自己也要填寫日記，最好是記錄一些中立而且不太涉及個人的事件，例如記錄你在交通阻塞時的感覺，而不要記錄你跟配偶吵架時的感覺。

增強小孩表達他自己感覺的一個正式方法就是在他填寫感覺日記之後給予他獎賞。舉例來說，你跟小孩可以協調同意若他一個星期可以記錄超過四天的感覺日記，他就可以獲得獎賞。（請參考第五章的「增強」段落。）

步驟四(b)：實施非正式的程序來幫助你的小孩表達感覺

非正式的方法是指在日常生活中持續不斷地利用步驟三的討論和標示技巧，當事件發生時，利用機會跟小孩討論並且標示出他的感覺。

增強你小孩的非正式方法只要在他表達感覺後給予口頭稱讚。當你的小孩真正表達感覺時，你可以說「我很高興你對我表達你的感覺」、「你表達感覺做得很好」等等。

重點摘要

1. 日子一久，有慢性行為問題的小孩會發生情緒困擾。

2. 你可以透過增加他的感覺詞彙以及討論每天發生事件的感覺，來教導你的小孩了解和表達情緒。

我們談談這件事

　　回到多明尼克、凱莎和威利：有一天多明尼克從學校回家，就直接進去房間並且關上門，威利跟在多明尼克後面並且敲門，多明尼克就讓父親進入房間。多明尼克看來有些傷心，但是他並沒有說出究竟發生什麼事，在威利的堅持之下，多明尼克慢慢地談及他在學校被其他小孩取笑的事以及他感覺如何難過。他們一起複習了「感覺詞彙圖表」，並討論了各種不同的感覺，威利拿「感覺日記」給多明尼克看，同時建議他們一起將這件事告訴凱莎，然後三人利用日記努力了解和表達感覺。多明尼克同意這個計畫，接著全家三人就一起努力學習表達自己的感覺。

本 章 圖 表

感覺詞彙圖表

攻擊的	生氣的	高傲的	害羞的	無聊的	小心的
自信的	困惑的	好奇的	失望的	不同意的	不相信的
討厭的	得意的	憤怒的	羨慕的	令人生氣的	挫折的
哀傷的	罪惡感的	快樂的	恐怖的	受傷的	嫉妒的
喜悅的	孤單的	可憐的	拒絕的	緊張的	樂觀的
後悔的	傷心的	滿足的	害怕的	震驚的	固執的
驚訝的	懷疑的	同情的	猶豫的	退縮的	

❀❀ 感覺日記 ❀❀

姓名：_____

日期：_____

說明：寫下發生在你身上的正向和負向事件，然後寫下你對於這些事件的感覺。
　　　你可以參考「感覺詞彙圖表」來幫助你辨別感覺，你可以在事件發生當
　　　時或發生過後再填寫日記，你可以將日記跟別人分享或自己保存。

正向事件　　　　　　　　　　**我的感覺**

1.　　　　　　　　　　　　　　　1.

2.　　　　　　　　　　　　　　　2.

3.　　　　　　　　　　　　　　　3.

4.　　　　　　　　　　　　　　　4.

負向事件　　　　　　　　　　**我的感覺**

1.　　　　　　　　　　　　　　　1.

2.　　　　　　　　　　　　　　　2.

3.　　　　　　　　　　　　　　　3.

4.　　　　　　　　　　　　　　　4.

❧❧❧　範例：感覺日記　❧❧❧

姓名：　**多明尼克**

日期：　**星期五**

說明：寫下發生在你身上的正向和負向事件，然後寫下你對於這些事件的感覺。
　　　你可以參考「感覺詞彙圖表」來幫助你辨別感覺，你可以在事件發生當
　　　時或發生過後再填寫日記，你可以將日記跟別人分享或自己保存。

正向事件

1. 數學作業得到一個嘉獎
2. 媽媽抱我
3.
4.

我的感覺

1. 高興
2. 高興、愉快
3.
4.

負向事件

1. 同學推我
2. 有一些小孩罵我
3.
4.

我的感覺

1. 生氣、難過、孤單、憤怒
2. 難過、孤單、害怕
3.
4.

14

增進小孩用有幫助的想法來思考的能力

　　有分裂行為問題的小孩經常從父母、手足、同儕、老師、鄰居或別人那裏得到的負面回饋比正面回饋來得多。時間一久，這種情況會很負面地影響這些小孩的思考方式，他們可能會擔心，會對自己或世界懷有負面的想法，而且會認為別人（例如大人、同儕等等）不喜歡他們。本章將會提出一些意見來幫助小孩用更有幫助的想法來思考。

我很差勁

　　十三歲的強納森這一年過得並不好，他一個星期會有兩、三次因為行為問題而惹上麻煩，雖然他有一些朋友住在附近，但是在學校他卻經常受到其他小孩的嘲笑。在家裏，他時常跟他的單親父親傑夫爭吵，傑夫認為他們的負向互動比正向互動多。過去這一年來，強納森變得更加易怒和情緒不穩定，有時候他從學校回家，莫明其妙地甩上門又踩著腳，當傑夫問他「怎麼回事」時，他卻大聲地回答：「沒事！」強納森也比較常看電視，他似乎一點也不快樂。昨晚傑夫問強納森為何沒將作業做完，強納森回答：「因為我很差勁！」

沒有幫助的想法和行為問題有什麼關聯？

　　不幸地，許多有行為問題的小孩天天接受到來自外界的負面批評，時間一久，他們就變成負面思考的人。這些負面思考方式如果沒有及時改正的話，很

可能會導致更多的行為問題和情緒困難。舉例來說,如果一個小孩相信沒有人會喜歡他,那麼他可能會變得退縮,干擾其他小孩,甚至對別人有更多的攻擊行為。另外一個例子是如果一個小孩認為自己不好,那麼有可能會導致情緒憂鬱和/或自我傷害行為。因此,父母幫助他們的小孩改變負面的思考方式是很重要的。

幫助小孩改變沒有幫助的思考方式

這個段落是提供父母有關如何幫助較年長小孩(十歲以上)改變負面思考型態的一些意見。**以下列出三個一般的步驟:⑴幫助你的小孩找出自己的負面想法,⑵幫助你的小孩了解這些負面想法會對他的情緒造成什麼不好的影響,以及⑶幫助你的小孩學習一些策略來改變負面想法,以便讓他能夠經歷更多的正向情緒。**

步驟一:確定你的小孩是否已準備好要學習改變負面思考方式

本章所討論的程序相當複雜,十歲以下的小孩心智能力不夠,可能無法從中獲益,同時,尚未學會了解和表達感覺的小孩,不管年齡多大,也可能無法完成這個段落所討論到的技巧。如果你的小孩年紀太小或是尚未學會了解和表達感覺,你就不要嘗試這裏所提到的方法,在這種情況下,你可能要先從幫助小孩學習表達感覺做起比較會有幫助(請參考第十三章)。

你必須花上一次或幾次的時間跟你的小孩討論如何努力改變負面想法,要確定你的小孩有意願參與討論,千萬不要強迫你的小孩參與。**如果你的小孩非常抗拒,那麼你可能要試試本書前面提到的一些技巧,而不要採取這個方法。**

步驟二：說明沒有幫助的和有幫助的思考方式

這個步驟是要說明沒有幫助的和有幫助的思考方式之間的差別，你必須說明**沒有幫助的思考方式就是想一些不真實的、誇大的、可怕的以及負面的想法，**你也要說明負面想法對一個人的行爲和情緒會有不好的影響。舉例來說，如果你的小孩要舉行鋼琴演奏會，而且他認爲「我一定會做不好」、「我太緊張了」等等，那麼他很可能真的會演奏得不好，同時變得很緊張。不過，如果他要舉行鋼琴演奏會，但是他認爲「我會全力以赴」、「只要我盡力，我相信我會做得不錯」，那麼他就比較可能會表現得好，同時顯得信心十足。繼續討論別的例子，直到你的小孩了解想法和感覺之間的關係。

下一步是要求你的小孩完成本章最後面的「對小孩沒有幫助的想法」圖表來做自我評估。仔細引導你的小孩完成評分，如果有幫助，你也可以針對你認爲小孩會怎麼想來做評分（也就是說，父母在不同的表格上面對小孩評分）。在這個圖表最後面有幾個問題，要求小孩針對評分爲3、4或5的想法來回答這幾個問題。以這個圖表爲出發點，持續討論負面想法是如何地沒有幫助。

下一個任務是**幫助你的小孩學習用比較有幫助的思考方式來反擊沒有幫助的思考方式**。爲了達成這個目標，你可以將本章最後面的「對小孩有幫助的『反擊』想法」圖表和「對小孩沒有幫助的想法」圖表一起運用。有幫助的圖表中第一題的想法可以用來反擊（或取代）沒有幫助的圖表中第一題的想法，以此類推，在有幫助的圖表最後面有幾個問題，是用來對每一個想法提出詢問，你要引導小孩針對他自己有幫助的想法做回答，理想上，你的小孩應該會看到這些有幫助的想法的好處。

步驟三：示範有幫助的思考方式

幫助小孩學習用比較有幫助的思考方式其中一種很有力的方法，就是示範這種思考方式給他看。正如同本書其他章節所討論的，小孩透過觀察父母的行

為學到了很多的事情，**他們會根據對你的觀察學到用來思考的「好方法」或「壞方法」。**

　　當你遇到一個特別狀況時，大聲地將想法說出來，並且在你的小孩面前運用「改變沒有幫助的想法作業單」（在下一個段落會討論），這就是示範有幫助的思考方式之正式方法。你可以向小孩說你要運用作業單，然後鼓勵他在旁觀看。

　　當你發現自己正在想一些沒有幫助的想法時，大聲地將想法說出來，這是一種示範有幫助的思考方式之非正式方法。舉例來說，你在地下室油漆牆壁，但是進行得並不順利，你開始發牢騷「真是糟糕，有一屋子的事情，可是我卻一點都做不好，我一定是笨蛋」，接著你開始改變想法「這不是很有幫助的思考方式，我要盡量改變我的想法，我油漆工作做不好並不代表世界末日要到了，也不代表我是一個很糟糕的人，我必須了解我沒有辦法將每件事都做到完美，而且即使我搞砸了，也不一定會完蛋」。

步驟四(a)：實施正式的程序來幫助你的小孩使用有幫助的思考方式

　　在本章最後面的「改變沒有幫助的想法作業單」可以用來幫助你的小孩將這些技巧應用在真實生活上面。這個圖表會帶著他一步一步地完成一些步驟，你可能要協助小孩完成這個圖表，而且你可以讓他在事情發生當時或事後來填寫這個圖表。

　　你可以透過注意到小孩出現沒有幫助的想法（可能是從小孩所說的話中注意到），以及要求他改變這些想法等方式來激勵他運用有幫助的思考技巧。你可以問一些類似下面的問句：「你確定這種想法是有幫助的嗎？」「記得我們以前討論過的事嗎？」「你是用有幫助的方式在思考嗎？」

　　在本章最後面的「改變沒有幫助的想法作業單之得分計算」可以做為增強小孩運用有幫助的思考技巧的正式方法，這個圖表要跟「改變沒有幫助的想法作業單」一起使用。在每一張作業單的最後面有一個四點評分量表，你先將作

業單上評分為 1 和 2 的總數加起來，再將評分為 3 和 4 的總數加起來，然後將這些資料轉入得分計算圖表上面，如果小孩得到 3 和 4 的評分多於 1 和 2 的評分，那麼他就可以選擇一種增強物（請參考第五章的「增強」段落）。

步驟四(b)：實施非正式的程序來幫助你的小孩使用有幫助的思考方式

在幫助小孩使用有幫助的思考技巧時，也可以利用比較非正式的方法，這方法就是去激勵小孩使用這些技巧。當你發現小孩出現一些沒有幫助的思考方式時，你可以要求他使用有幫助的思考方式，然後在他配合時給予讚美。在本章最後面的「有幫助的思考方式」圖表可以做為在改變想法時的視覺協助，你要提醒你的小孩當他在改變想法時，要去看看這個圖表。儘量使用導向發現問句來引導你的小孩運用有幫助的思考技巧（關於導向發現問句的資料，請參考第十章步驟五）。非正式的增強涉及在你的小孩使用這些技巧時，給予注意、討論以及讚美，你必須經常給予增強才能幫助他真正學會這些技巧。

重點摘要

1. 有行為問題的小孩經常學會用負面的思考方式來看待自己和世界。
2. 透過教導小孩找出自己的負面想法，了解這些想法沒有幫助的本質，以及用一些策略將這些想法改變成比較有幫助的想法等方法，來幫助小孩改變沒有幫助的思考方式。

我想我還不錯

回到喬納森和傑夫：傑夫對喬納森的擔心與日俱增，所以他決定要幫助喬納森往好的方面思考，他也了解他們兩人都是負面思考的人，於是傑夫把要改變沒有幫助的思考方式這個意見告知喬納森，他們討論了幾次有關沒有幫助的

思考方式這件事情，傑夫適時地示範有幫助的思考方式，並且在喬納森出現沒有幫助的思考方式時非正式地跟他討論究竟發生什麼事情。喬納森和傑夫兩人連續幾個星期都填寫「改變沒有幫助的想法作業單」，有一次傑夫還看到喬納森不用鼓勵就談到要改變他的想法。自從他們努力增加有幫助的思考方式之後，喬納森似乎愈來愈快樂了。

本 章 圖 表

❧❧ 對小孩沒有幫助的想法 ❧❧

以下列出小孩對自己可能會有的一些想法，請你將每種想法看過一遍，然後標示出每種想法（或類似的想法）在一個星期中出現的頻率如何，每個問題的答案無所謂對或錯。如果你有任何不了解之處，可以請求協助。請用五點評分量表來回答你出現這些想法的頻率：

1	2	3	4	5
一點也不	一點點	普通多	相當多	非常多

對自己的想法

1. ＿＿＿我不好

2. ＿＿＿我什麼事都做不對，我是一個失敗者

3. ＿＿＿我是一個可惡的傢伙

4. ＿＿＿我在學校、運動等方面都**必須**做得很好

對同儕的想法

5. ＿＿＿大部分的同儕都不喜歡我

6. ＿＿＿大部分的同儕都認為我很笨

7. ＿＿＿大部分的同儕都認為我很討厭

8. ＿＿＿我跟我的同伴沒有相處得很好

對父母／家庭的想法

9. ＿＿＿我的家庭亂七八糟

10. ＿＿＿家庭有問題是我的錯

11. ＿＿＿我的父母應該為我在家裏發生的問題負責任

12. ＿＿＿我的兄弟姊妹應該為我的問題負責任

13. ＿＿＿我的父母只是想支配我的生活

14. ＿＿＿我的父母不公平

對老師／學校的想法

15.＿＿＿我的老師應該為我在學校發生的問題負責任

16.＿＿＿我的老師不公平

17.＿＿＿我放棄任何有關學校的事情

對將來的想法

18.＿＿＿我的將來不會很好，我看得到將來的麻煩

19.＿＿＿我放棄，我已經試過所有方法，但已無能為力了

對世界／命運的想法

20.＿＿＿對我來說，生命很不公平

21.＿＿＿我不必為我自己的行為負責任

22.＿＿＿我沒有辦法做什麼，因為我有問題

對誰需要改變的想法

23.＿＿＿我的父母或家人比我更需要改變，因為這是他們的錯

24.＿＿＿我的老師比我更需要改變，因為這是老師的錯

25.＿＿＿我的朋友比我更需要改變，因為這是他／她的錯

26.＿＿＿我比任何人都需要改變，因為這是我的錯

對於評分為 3、4 或 5 的想法，你要問自己下面的問題：

1. 這個想法沒有幫助的地方在那裏？

2. 這個想法會讓我覺得怎麼樣？

3. 繼續這麼想有幫助嗎？

✦✦ 對小孩有幫助的「反擊」想法 ✦✦

　　以下列出對小孩有幫助的「反擊」想法，可以用來取代沒有幫助的想法。沒有幫助的想法第一題對應到有幫助的想法第一題，以此類推。請比較沒有幫助的想法和有幫助的想法之間的差異。

對自己的想法

1. 我對自己太嚴格了，其實我還不錯
2. 我會犯錯，但是我也做對了很多事情
3. 我也可以表現得不錯
4. 我只能儘量試試看，但是我也必須接受我現在的樣子。我要專心去做一些我做得不錯的事

對同儕的想法

5. 不可能要每一個人都喜歡我，不過有些同儕真的喜歡我
6. 我想得太嚴重了，有些同儕認為我還不錯
7. 我想得太嚴重了，有些同儕認為我還不錯
8. 我跟一些人相處得很好，我有一些朋友

對父母／家庭的想法

9. 把家庭想成亂七八糟對我一點幫助都沒有，相反的，我們必須有所行動
10. 不全然是我的錯，其他人也要負一部分的責任
11. 責怪父母對我一點幫助都沒有，我應該想想如何解決問題
12. 責怪兄弟姊妹對我一點幫助都沒有，我應該想想如何解決問題
13. 我的父母是想幫助我，如果我多負一點責任，可能父母就不會管我那麼多了
14. 我的父母可能有時候會不公平，但是如果我仔細想一想，其實父母對我還不錯

對老師／學校的想法

15.責怪老師對我一點幫助都沒有，我應該想想如何解決問題

16.我的老師是想幫助我，如果我多負一點責任，可能老師就不會管我那麼多了

17.放棄是沒有幫助的，我必須不斷地嘗試

對將來的想法

18.我的想法不合理，我沒有辦法證明我將來一定會有問題，我必須等到將來才知道

19.我不能放棄，我必須不斷地嘗試

對世界／命運的想法

20.我不能把這個當做藉口，我必須掌握自己的命運

21.我不能把這個當做藉口，我必須掌握自己的命運

22.我不能把這個當做藉口，我必須掌握自己的命運

對誰需要改變的想法

23.把我的父母想成是唯一需要改變的人是沒有幫助的，我們都需要改變

24.把我的老師想成是唯一需要改變的人是沒有幫助的，我們都需要改變

25.把我的朋友想成是唯一需要改變的人是沒有幫助的，我們都需要改變

26.把自己想成是唯一需要改變的人是沒有幫助的，我們都需要改變

問自己下面的問題：

1.這個想法有幫助的地方在那裏？

2.這個想法會讓我覺得怎麼樣？

3.繼續這麼想有幫助嗎？

⟪ 改變沒有幫助的想法作業單 ⟫

姓名：_____

日期：_____

說明：小孩和／或父母都可以填寫這張作業單，在改變沒有幫助的想法時，必須回答下列每一個問題，你可以在出現沒有幫助的想法同時或是之後來填寫這張作業單。

1. 我正在想一些沒有幫助的想法嗎？

2. 我正在想什麼沒有幫助的想法？

3. 這些沒有幫助的想法讓我覺得怎麼樣？

4. 繼續這麼想有幫助嗎？為什麼或為什麼不？

5. 我可以用什麼不同的或是有幫助的方式來想？

6. 新的有幫助的想法讓我覺得怎麼樣？

7. 繼續這種新的想法有幫助嗎？為什麼或為什麼不？

改變沒有幫助的想法評分（圈選一個）

1. 完全沒有讓我的想法變得更有幫助

2. 試著讓我的想法變得更有幫助，但沒有效

3. 很努力做完每一個步驟，但卻無法改變我的想法

4. 很努力做完每一個步驟，而且讓我的想法變得更有幫助

～⦿～ 範例：改變沒有幫助的想法作業單 ～⦿～

姓名：　　強納森

日期：　　星期二

說明：小孩和／或父母都可以填寫這張作業單，在改變沒有幫助的想法時，必
　　　須回答下列每一個問題，你可以在經驗到一個沒有幫助的想法同時或是
　　　之後來填寫這張作業單。

1. 我正在想一些沒有幫助的想法嗎？

　　是

2. 我正在想什麼沒有幫助的想法？

　　莎拉不喜歡我

3. 這些沒有幫助的想法讓我覺得怎麼樣？

　　可怕、難過、孤單

4. 繼續這麼想有幫助嗎？為什麼或為什麼不？

　　沒有幫助，它會讓我覺得很糟糕

5. 我可以用什麼不同的或是有幫助的方式來想？

　　我可能只是在胡思亂想，其實莎拉有可能喜歡我，因為平常我們都玩在一起。

　　那樣想對我並沒有幫助

6. 新的有幫助的想法讓我覺得怎麼樣？

　　比較好，我覺得比較舒服

7. 繼續這種新的想法有幫助嗎？為什麼或為什麼不？

　　是，我會覺得比較舒服

改變沒有幫助的想法評分（圈選一個）

1. 完全沒有讓我的想法變得更有幫助
2. 試著讓我的想法變得更有幫助，但沒有效
3. 很努力做完每一個步驟，但卻無法改變我的想法
4. 很努力做完每一個步驟，而且讓我的想法變得更有幫助

❧❧⟶ 改變沒有幫助的想法作業單之得分計算 ⟵❧❧

姓名：_____

日期：_____

說明：在設定的一段期間結束前，將「改變沒有幫助的想法作業單」中的評分
　　　總計起來。先將評分為1和2的總數加起來，然後將評分為3和4的總
　　　數加起來。若3和4的總數多於1和2的總數，小孩便可選擇一種獎賞。

評分為1和2的總數：_____　　　　**評分為3和4的總數**：_____

獎賞＝_____

──◆❦❦◆── 範例：改變沒有幫助的想法作業單之得分計算 ──◆❦◆──

姓名：　__強納森__

日期：　__星期三__

說明：在設定的一段期間結束前，將「改變沒有幫助的想法作業單」中的評分
　　　總計起來。先將評分為 1 和 2 的總數加起來，然後將評分為 3 和 4 的總
　　　數加起來。若 3 和 4 的總數多於 1 和 2 的總數，小孩便可選擇一種獎賞。

評分為 1 和 2 的總數：　__1__　　　　　評分為 3 和 4 的總數：　__5__

獎賞＝　__從增強菜單中選取__

❦❦ 有幫助的思考方式 ❦❦

1. 我正在想一些沒有幫助的想法嗎？

2. 這些想法會幫助我嗎？

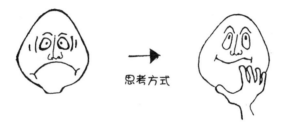

3. 我可以用什麼不同的或是更有幫助的方式來想？

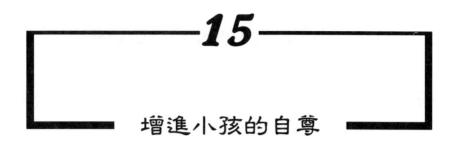

增進小孩的自尊

　　絕大部分小孩的自尊高低並非與生俱來，而是隨著小孩的生活經驗逐漸發展而成。如果小孩經驗到正面回饋多於負面回饋，他比較可能發展出高自尊，但是很不幸地，許多有行為問題的小孩由外界接收到的負面回饋比正面回饋多，經過一段時間之後，他們便會發展出低自尊。本章將會討論一些如何增進小孩自尊的常識。

你在搞什麼鬼？

　　八歲的湯妮和父母大衛及莎朗，還有六歲的妹妹史黛西住在一起，湯妮長期有一些行為問題，她會反抗父母，並且對妹妹和一些鄰居小朋友有攻擊行為。多年來，她在家中製造了很多麻煩，使得家中有很多爭執，也有許多其他的父母會抱怨湯妮的行為，這些使得湯妮和父母的關係更加緊張。莎朗和大衛曾嘗試要盡可能對湯妮有正向的反應，但卻經常在生氣或心煩時，對她說很多負面的話，甚至連史黛西也會如此。最典型的例子就如幾天前，湯妮搶了史黛西的玩具跑回自己的房間玩，史黛西非常生氣，也跟著湯妮跑進了她的房間開始吵了起來，大衛進了房間看見兩個小孩互相吼叫，他聽了事情的經過，知道是湯妮的錯，他就生氣起來對著湯妮大吼：「你在搞什麼鬼？」

自尊和小孩的行為問題有什麼關聯？

所謂自尊就是個人如何評估自己。許多小孩用相當負面的方式來評估自己，同時會做一些行為來驗證自己對自己的想法，換句話說，當小孩覺得自己很不好，他們通常就會做出一些不好的行為。低自尊的小孩覺得別人是用負面的方式看待他們，所以他們就在這些人面前做出不好的行為，這意味著，若是父母親能改善小孩的低自尊，小孩的行為問題可能也會因此有所改善。

父母在提昇小孩的自尊方面扮演相當關鍵的角色。雖然遺傳有其重要的影響，但父母在每個人的成長上顯得更加的重要，甚至可以說，小孩是由父母所塑造的，特別是在小孩的自尊方面更是如此。父母在小孩的正向自尊發展方面可以有非常大的影響力。

父母用來增進小孩自尊的基本常識

教導小孩一些技巧

本書大部分是在說明如何增進小孩的一些技巧發展，並且相當強調父母的角色。**父母可以教導小孩生活技巧，讓他們能有更多的成功經驗，**如果他們有成功的經驗，就更能接收到更多別人給予的正面回饋，也會覺得自己是很好的，進而能有愈來愈好的自我看法。試著使用本書中所提到的一些技巧來幫助你的小孩，因為它們能提昇他的自尊。

給予正面的回饋

　　父母對小孩表達內容和方式都相當影響到小孩的內在自我看法和自尊。在兒童時期，小孩由別人的反應中得到回饋——最重要的回饋來自於父母，如果負面回饋多過正面回饋，小孩便會發展出對自我負面的觀點。**如果正面回饋多過負面回饋，在一段時間之後，小孩會發展出正面的自我形象**。對於有行為問題小孩的父母來說，要提供較多的正面回饋是相當不容易做到，因為這些小孩通常無法有足夠的好行為來獲得正面的回饋，所以一旦在你的小孩身上看見一些小小的好行為，就為這些成功讚美他。

參與小孩的生活

　　為了讓小孩真正覺得自己很好，父母必須讓他們知道父母關心他們並且實際參與他們的生活。在第五章提到一些方法可以增加參與度。**試著多參與小孩的生活並且強調正向增強，以便改善你和小孩的關係**。

維持健康的家庭互動

　　家庭互動帶給小孩很深的影響，如果家庭有問題，每個成員都受苦。多留意在第六章討論的家庭互動問題，**尤其要避免用一些特定的溝通方式，譬如負向問話、責備、貶低，以及諷刺**（第六章有詳細說明）。這些溝通方式對小孩的自尊有負面的影響，因為這些方式暗示小孩「不好」，如果小孩不斷重複聽到一些關於他們的負面說法，他們最終對自己的看法會很不好。在家庭中，**良好的溝通和問題解決技巧會提昇小孩的自尊**。

真正傾聽小孩所說的話

當小孩談他的問題或麻煩時，身為父母者常會馬上想要糾正他或是給他建議，事實上這會讓小孩想要逃離這個話題，小孩可能會避免和父母談他的問題。**真正傾聽小孩所說的話可以使小孩對你和對自己的感覺更好。**

有幾個方法可以改善傾聽的方式，一種是「換句話說」，這涉及重新陳述一次小孩所說的話，讓他知道你真的瞭解他的意思；另一種方式是接納小孩的感受（即使你並不同意他的行為），告訴他你所感受到他的感覺是什麼，或是重新陳述一次小孩所表達的感覺。

接納你的小孩

小孩有很多問題都是長期而且非常難以改變的，將焦點一次又一次的放在同一個問題上可能沒有效果，所以，**你必須決定那些行為是你真正可以幫助他改變，而那些行為則是要試著去接受。**

幫助你的小孩處理錯誤和失敗

有分裂行為問題的小孩經常會犯很多錯誤並且有很多挫折，他們在學校裏奮力掙扎，很少有朋友，經常惹麻煩，衝動地做決定等等。當問題出現時，不要強調問題來讓小孩感到「羞辱」，或是問「你為什麼要這樣做？」相反的，必要時你可以讓他嚐嚐犯錯的後果，同時也要**詢問小孩在這個錯誤中學習到了什麼**，儘量低調處理小孩的「失敗」經驗（例如考試成績不佳），對小孩保證沒關係，鼓勵他繼續嘗試，然後幫助他把焦點放在努力（嘗試）上面而非結果（成功或失敗）上面。

幫助你的小孩接受成功

　　許多低自尊的小孩不願意承認自己能夠有好行為，因為這些好行為似乎不合乎他們對自己的看法。你必須經常提醒小孩，他是一個好孩子，可以把事情做成功而且做得很好。**幫助你的小孩，讓他能為自己的成功與否負起責任。**

幫助小孩發展他的才能

　　每一個小孩在某些方面都有一些才能，例如藝術、運動、音樂、舞蹈、和動物有關的工作、志願義工等等，**幫助你的小孩發展他本身擁有的才能，**小孩便能藉由這些而得到更多的正面回饋，使他提昇自尊。

不要將小孩的良好行為歸因於藥物

　　很多患有注意力不足過動症的小孩在服用藥物之後會有改善，**如果你的小孩正在服用一些藥物，而且有明顯的效果，當小孩出現良好行為時，要記住不要太過強調藥物的效果。**有些父母會犯一個錯誤，當小孩做錯事時，會問小孩「是否有吃藥」，其實那暗示著除非服用藥物，否則小孩不會有良好行為；父母有時也會說小孩出現良好行為是因為吃藥的緣故，這對小孩的自尊會有負面的影響，因為小孩會覺得只有藉著服藥他才能成為一個好孩子。即使藥物對你的小孩的確有相當大的效果，你也要讓他知道是因為自己的努力才能夠做出良好行為。

重點摘要

　　增進小孩的自尊有幾種方式：教導他生活技巧，給予持續的正面回饋和肯

定，參與小孩的生活，維持健康的家庭互動，真正傾聽小孩所說的話，接納小孩的極限，幫助小孩處理錯誤和失敗，幫助小孩接受成功的經驗，以及不要將小孩的正向行為歸因於藥物的作用。

我喜歡我所看到的

　　回到湯妮、大衛、莎朗和史黛西：大衛和莎朗很關心湯妮的自尊，他們認為過去跟湯妮所說的話以及處理事情的方式是造成湯妮低自尊的原因，他們決定要儘量「強調正向行為」，也開始教導湯妮一些技巧，先將重點放在幫助她學習如何瞭解、確認和表達感覺。他們也下定決心要給她更多正面的回饋，試著更去接納她。幾個星期之後，他們發現自己變得更正向，不僅對湯妮是如此，對史黛西和對彼此也是這樣。他們希望在繼續努力之後，湯妮的自尊會漸漸改善。

第四篇　幫助父母執行本書內容的意見

16

保持運作：延續你家庭及小孩的進步

　　開始行動然後保持運作是兩件非常困難的任務。你有多常在新年下定新的決心？你有多常真正完成新年的新決心？你曾經決定要實施節食／運動計畫嗎？在真正執行健康計畫時，你究竟做得有多成功？要保持運作是一件相當困難的事。

　　在你進入本章之前，你很可能已經決定針對一、兩項父母／家庭或小孩的技巧方面做努力，也可能你已經開始做了，而事情的進展可能順利，也可能不順利。開始行動是困難的第一步，可是保持運作也同樣不容易。

　　保持運作是一件很艱辛的工作。研究顯示**許多病人並沒有遵照醫師開立的醫療處方**，也有許多病人無法按照精神衛生專業人員的治療計畫來做，即使是醫師和精神衛生專業人員本身，也並不是完全按照他們給予個案的建議方式來做。說實在的，我對待我自己家庭的方式，也並非完全遵循我寫的這本書內容所提到的方法！

　　這本書裏面的資料是用來幫助你和你的小孩學習一些技巧，藉著學習這些技巧，你小孩的發展將會有所增進。不過，即使在最適當的環境中，要促進小孩的發展仍需一段長時間，因此**你必須有心理準備要花一段長時間，才能讓你和你的小孩學會書中所提到的各類技巧。**

　　由於一些技巧不容易學會，而且小孩的分裂行為問題由來已久，所以你很可能會在剛開始時滿懷壯志，但是到最後卻無功而返。因此，**很重要的是一旦開始行動之後，你必須思考如何保持運作，並且持續進步。**為了要成功地持續進步，你必須採取一些具體的行動計畫。

　　關於如何持續你和你小孩的進步，以下有一些實用的建議。

選擇適當的技巧做努力

要確定你已經為你的家庭或小孩確立了正確的技巧範圍。請仔細地考慮，並且選擇一個特定的技巧努力，試過一段時間之後，再評估技巧訓練的效果。**如果你發現它並不符合你的需要，你可能要嘗試其他的技巧。**舉例來說，如果你選擇要去幫助你的小孩學習問題解決技巧，但是他卻極度抗拒，此時你可能必須針對不同的技巧，也許是跟父母／家庭功能有關的技巧。

符合實際的想法

在現代社會中，每個人都想快速地解決問題，我們都期待在隔天睡醒後，事情便會變得不一樣，但是當我們在學習一些新的技巧時，這樣的態度是不正確的。學習這些技巧需要一段時間，假如你的態度務實，你就比較有可能會成功，**有時候你必須花費數週、數月，甚至數年，才能看到你的家庭或小孩有明顯的改變。**

尋求別人的協助

不管從事什麼工作，一群人共同努力比較容易獲致成功。自己一個人想要保持運動習慣或是戒煙都比一群人共同努力來得困難。當你要學習一些新的技巧時，情況也是一樣，因此如果你的配偶／伴侶可以配合的話，你應該在改變的過程中尋求他的協助。同時你也應該在學校尋求學校工作人員跟你的小孩共同努力，另外，大家庭的成員也可能幫得上忙。**你必須告訴這些人你正在努力學習什麼技巧，並且讓這些人來幫助你。**

尋求協助對於人們有兩種效果。首先，因為得到別人的支持，他們比較會堅持執行已經開始的方案。再者，一個人對別人要有信用，所以一個人將他要做的事情告訴別人，會比不告訴別人更可能真正去做。

設定目標及自我增強

設定一個目標，然後**將這個目標分解成一些符合實際需要的小步驟**是一個非常好的方法。舉例來說，你可能設定目標要教導你的小孩一些問題解決的技巧，此時，一個符合實際需要的小步驟是利用兩星期的時間和你的小孩一起運用問題解決技巧作業單，然後在兩星期結束之前，評估你的進步，再決定要繼續使用這個方法，或是嘗試別種方法。

當人們得到獎賞之後，他們就會做得更好，在這個例子上面也是同樣的道理。**自我增強涉及在你達成目標之後，給自己一個增強**。舉例來說，如果你能夠利用兩星期的時間和小孩一起運用問題解決技巧作業單，你就去看一場電影當作是給自己的獎賞。

練習自我覺察

有時候我們會決定要改變一種行為，但是在不知不覺當中卻仍然出現舊有的行為。舉例來說，一位節食者看到餅乾就拿來吃，等到他吃完之後才猛然發覺自己不應該吃那塊餅乾；另一個例子是母親決定要教導她的小孩一些問題解決技巧，有一天兩個兒子因為爭著看電視節目而吵了起來，這時候母親就介入，要求他們輪流看不同的節目，等過了一會兒，她才發覺自己已經為兩個兒子解決了問題，而沒有利用這個機會教導他們如何解決他們自己的問題。

你可以運用一些策略來增加你的自我覺察。在本書中有許多圖表，**你可以從書中將這些圖表影印起來，然後張貼在家中的一些策略性位置上面**，舉例來說，你可以將圖表掛在冰箱或是門上面。你也可以在別處放一些標記來提醒你去做一些特定的行為，舉例來說，你可以在廚房的時鐘上面放一個代表「增強」的標記，當你看到時鐘，它就會提醒你去增強小孩的良好行為。你可以要求其他家庭成員在發現你有機會嘗試新行為的時候提醒你去做。舉例來說，父親可以提醒母親不要向小孩的不順從行為屈服，而是要使用暫停法。另外還有一些

跟自我監督有關的活動，父母可以嘗試看看（請參考第五章）。

實施定期回顧

定期地回顧你的進展對你會很有幫助。這些回顧的目的是**評估事情的發展，並且在必要時做一些修正**。舉例來說，你和你的配偶／伴侶可能同意在每個星期日晚上來回顧你正在訓練小孩某種特定技巧的進展情況。如果能夠將這些定期回顧寫在日曆上面的話，對你將會有所幫助。

復發的預防計畫

你和你的家庭很有可能會「回到老路」去。一些在嘗試戒癮或在培養新的健康習慣等等的人經常會有復發的情況發生。當父母在處理小孩的長期分裂行為問題時，復發更是容易出現，而你對復發的反應方式會決定將來是否會成功。失敗的反應是想著「沒有用啦！」然後加以放棄；成功的反應是再加把勁，然後不斷地嘗試。

因為復發很有可能會發生，所以你應該事先計畫如何反應。第一步是要辨識復發的訊號，舉例來說，如果你發覺你小孩的行為問題變得糟糕，你常接到老師打電話來抱怨小孩的問題，或是你感受到更多的壓力等等，這些都有可能是復發的訊號。一旦你辨識到訊號，你就必須採取行動，切記復發乃不可避免，所以不要感到氣餒。在復發出現之際，你更必須再加把勁，並且重新運用一些被你棄之一旁的技巧，你可能要把幾個月前用過的圖表再拿出來重新使用。

不要放棄

要學習這些技巧並且長期使用這些技巧是很不容易的事情。**如果你保持一致，而且堅持下去，最後你將會得到好結果，**因為這些技巧訓練之所以會失敗，常常是父母運用時不夠一致或是放棄使用所導致。你要不斷地嘗試，再嘗試！

第五篇　給治療者的資料及意見

17

行為障礙症兒童的技巧訓練：理論及研究綜論

　　本章將會說明對行為障礙症兒童及其父母實施技巧訓練的理論根據，並且回顧支持的研究證據。治療者將會對技巧訓練的發展基礎有一些認識，同時了解為什麼針對父母做處理是絕對必要的。治療者也將會了解更多目前已有的評估技巧訓練介入方法的研究，而這些最後應該導向對行為障礙症兒童更有效的介入方法。

技巧訓練之增進發展勝任能力模式

　　技巧訓練介入方法的目標在於幫助兒童獲得精通發展任務的「勝任能力」（August, Anderson, & Bloomquist, 1992）。一個在發展上有勝任能力的兒童能夠利用環境和個人的資源來達到良好的發展結果（Water & Sroufe, 1983）。兒童在發展的階段中不斷地進步，在過程中他們一步一步地精通連續性的發展任務，到最後終於在各種不同的發展領域中達到高度的勝任能力。**如果一個兒童無法成功地通過早期的階段，他就很可能會無法通過較晚的階段，最終的結果是在後來的生活中會缺少勝任能力**（Arend, Gove, & Sroufe, 1979; Sroufe, 1983; Masten et al., 1995）。表 17-1 描述在自我控制、社交、學業和情緒等領域的正常兒童發展過程，這些發展階段是我回顧幾本有關兒童發展的教科書內容而得來的，在每一個年齡層中都列有不同的發展任務，當一個兒童對前面的一個階段具有勝任能力（也就是精通了這個任務）之後，他就可以成功地跨入下一個

階段。「學業」發展領域在書上並沒有常被提到，但是我認為考慮兒童的學業發展相當重要，因為這部分是兒童生活中很重要的一部分，而且兒童也常常是為了學業困難而被轉介來做治療。

父母透過持續不斷的親子互動影響小孩的發展（Vygotsky, 1962, 1978）。我們假設父母必須做某些「**促進式行為**」來協助小孩完成發展任務，表 17-1 描述了相對於小孩不同發展階段勝任能力的父母促進式行為。**對一個年齡較小或發展遲緩的小孩而言，當父母「指導」小孩完成發展任務時，這就是促進式行為**。**指導**是指父母對小孩提供外在的控制，並且告訴他如何表現。舉例來說，當一個學齡前小孩在嘗試解決一個問題時，如果父母在旁指導小孩如何解決這個問題，這就是促進式行為（Roghoff, Ellis, & Gardner, 1984; Saxe, Guberman, & Gearhart, 1987）。**對一個年齡較大或發展超前的小孩而言，當父母「引導」小孩完成發展任務時，這就是促進式行為**。**引導**是指父母協助小孩發展內在的自我調整能力，以便小孩能夠指引自己的行為。舉例來說，當一個小學年齡的小孩在嘗試解決一個問題時，如果父母在旁引導小孩想出一些解決問題的好方法，這就是促進式行為（Roghoff et al., 1984; Saxe et al., 1987）。有效的父母能夠調整他們的促進式行為來符合小孩的年齡和勝任程度，以便協助小孩完成與發展上相關的任務（Vygotsky, 1962, 1978; Wood, 1980）。

一個兒童是否會有勝任能力，端視他在整個發展過程中所接觸到的「**危險因子**」和「**保護因子**」而定（Luther & Zigler, 1991; Masten & Garmezy, 1986; Rae-Grant, Thomas, Offord, & Boyle, 1989）。**危險因子**包括易引起精神問題的生物和基因病因（例如生物學病因的精神疾病）以及環境的壓力（例如無效的教養方式、低社經階層和頻繁的壓力事件等等）；**保護因子**包括個人的資源（例如堅持度、才能、智力、問題解決能力、社交技巧等等）以及環境的資源（例如有效的教養方式、良好的學校環境、支持性的社區方案等等），這些可以用來緩衝前面所提到危險因子的不良影響。**我們假設當保護因子的比例和比重大於危險因子的比例和比重時，兒童就比較有可能在發展上擁有勝任能力。**

表 17-1　兒童發展其中四個方面的發展任務以及父母的促進式行為

年　齡	兒　童　的　任　務				父母的促進式行為
	自我控制發展	社交發展	學業發展	情緒發展	
嬰兒期 (0-1 歲)	以照顧者做為安全的基礎進而探索環境	依附主要照顧者；呈現社交微笑和哭泣	以照顧者做為安全的基礎進而探索環境	呈現基本的情緒	指導—— 對年齡較小或發展遲緩的小孩提供外在的控制和直接了當的行為訓練，以便促進早期的勝任能力
學步期 (1-3 歲)	對來自大人的外在控制有反應；順從大人的要求	與照顧者分離，並與別人互動；以平行的方式跟別人遊戲	對世界充滿好奇	呈現較多複雜的情緒；透過行為和遊戲表達情緒	
學齡前期 (3-6 歲)	遵守規定；一邊遊戲一邊大聲說出來，或以此做為控制自己行為的一種方法	用互動的方式跟別人遊戲；跟別人合作；跟別人分享；幫助別人；跟別人競爭	調適自己以便能離開父母；對學習感到興奮	用言語表達情緒；同情別人	
小學時期 (6-12 歲)	運用思考來指引自己的行為；培養初步的問題解決技巧；管理衝動；培養對自己行為的覺察能力	了解別人的觀點；順從同儕團體的常規和標準；解決社交問題；公平地遊戲；結交的多是同性朋友	專心並且持續進行工作；將學校教的教材和課業加以組織化；開始培養特殊技能和興趣	克服恐懼；調整強烈的情緒，例如生氣、挫折、焦慮、悲傷	引導—— 對年齡較大或發展超前的小孩提供引導，以便促進內在的自我調整能力和日後的勝任能力
青少年期 (12-20 歲)	培養較複雜的問題解決技巧，並且對自己行為有更多的覺察能力	主要以成群結黨的方式互動；結交同性和異性朋友；逐漸「脫離」家庭	特殊技能和興趣更加成熟；投入生涯規畫的準備工作	了解想法、行為和情緒三者之間的關係；對自己和世界有正確且合理的想法	

注意：假設早期發展任務完成之後，仍然在後來的發展中持續運作。表中所列乃「典型」的發展階段，並不是所有小孩都會在相同年齡遇到所有的這些發展任務。父母的促進式行為會隨著小孩的勝任能力程度而有所不同。

　　表 17-2 總結了與小孩的分裂行為障礙症有關的父母／家庭危險因子。有行為問題小孩的父母通常有比較多的壓力／個人問題，譬如憂鬱、藥物濫用、婚姻／關係困難和／或社交孤立（Dumas & Serketich, 1994; Webster-Stratton, 1989）。有行為問題小孩的父母經常將小孩的不良行為歸因於小孩的負面內在特質，認為他們對小孩沒有一點點控制能力，期待小孩承擔不適合他們發展程度的責任，並且傾向於對小孩有負面和不合理的想法（Campis, Lyman, & Prentice-Dunns, 1986; Sobol, Ashbourne, Earn, & Cunningham, 1989; Vincent Roehling

表 17-2　與分裂行為障礙症有關的父母／家庭危險因子，假設中受影響的發展過程，
　　　　用來促進假設中的保護因子之技巧訓練介入方法，以及預期中父母／家庭的
　　　　演變結果

父母／家庭危險因子	假設中受影響的發展過程	用來促進假設中的保護因子之技巧訓練介入方法	預期中父母／家庭的演變結果
·父母的壓力／個人問題	·父母在促進小孩發展方面有所不足	·父母的壓力管理（第三章）	·父母的個人功能會有所增進
·不正確的父母歸因、期待及信念	·父母在促進小孩發展方面有所不足	·改變父母的想法（第四章）	·父母的正確思考方式會有所增進
·親子之間凝聚力太低，正向增強比例太低	·父母在促進小孩發展方面有所不足	·增加父母的參與／正向增強（第五章）	·親子關係之間的凝聚會有所增進
·不一致、無效及嚴厲的管教	·父母在促進小孩發展方面有所不足（也跟小孩的社交發展有關）	·幫助小孩學習順從（第七章）及遵守規定（第八章）	·父母的管教會有所增進（小孩的社交關係也會有所增進）
·在促進小孩的技巧發展方面效率不好	·父母在促進小孩發展方面有所不足	·訓練父母去引導小孩的技巧發展（第七～十五章）	·父母在促進小孩發展方面會有所增進
·家庭互動方面的困難	·父母在促進小孩發展方面有所不足（也跟小孩的社交發展有關）	·家庭互動訓練（第六章）	·家庭互動會有所增進（小孩的社交關係也會有所增進）

& Robin, 1986）。父母和行為問題小孩之間的親子關係通常凝聚力很低，而且父母通常沒有增強小孩的正向行為（DuPaul & Barkley, 1992; Ramsey & Walker, 1988）。再者，有行為問題小孩的父母通常在管教方面顯得不一致而且無效，因為他們經常對小孩的不順從讓步（負向增強），沒有提供適度的監督管理，及／或使用嚴厲的管教技術（Anderson, Hinshaw, & Simmel, 1994; DuPaul & Barkley, 1992; Haapasalo & Tremblay, 1994; Patterson, 1982; Ramsey & Walker, 1988; Ramsey, Walker, Shinn, O'Neill, & Stieber, 1989; Strassberg, Dodge, Pettit, & Bates, 1994; Weiss, Dodge, Bates, & Pettit, 1992），這些父母比較不能夠促進（也就是指導／引導）他們的小孩發展自我調整技巧（Bloomquist, August, Anderson, Skare, & Brombach, in press; DuPaul & Barkley, 1992; Olson, Bates, & Bayles, 1990）。最後，有行為問題小孩的家庭會有比較多的互動問題，譬如問題解決／溝通技巧不好和經常發生衝突（Dadds, Sanders, Morrison, & Rebgetz, 1992; Ramsay & Walker, 1988; Sanders, Dadds, Johnston, & Cash, 1992）。**假設當這些**

父母／家庭危險因子出現的時候，父母在促進小孩自我控制、社交、學業和情緒等領域發展的能力會受到不利的影響。

表 17-3 總結了與兒童的分裂行為障礙症有關的兒童危險因子。有行為問題的兒童比較會對成人有不順從／反抗行為（DuPaul & Barkley, 1992; Gard & Berry, 1986; Sattersfield, Swanson, Schell, & Lee, 1994），並且在家中、在學校或在社區中會經常違反規定（Kazdin, 1995; Masten et al., 1995; Patterson, 1982）。衝動的認知速度（例如沒有計畫性的思考方式）以及特別是過動衝動行為（例如缺乏耐性、過分要求、不按順序、不輪流發言和其他無法抑制的行為）與行為障礙症兒童有強烈的關聯（Hamlett, Pellegrini, & Connors, 1987; Iaboni, Douglas, & Baker, 1995; Tant & Douglas, 1982; White et al., 1994）。有行為困難的兒童通常缺乏社交行為技巧（例如分享、表達感覺、合作、按照規定玩遊戲等等），導致他比較會對同儕有攻擊性或是被同儕排斥（Carlson, Lahey, Frame, Walker, & Hynd, 1987; Newcomb, Bukowski, & Pattee, 1993）。許多研究顯示有攻擊性的兒童缺乏社交問題解決技巧，因此他們經常專注在別人的攻擊線索上面，將別人的善意行為誤解成含有敵意，對問題的解決方法較少且較具攻擊性，而且認為攻擊性的解決方法比社交性的解決方法更好（Dodge, 1993; Lochman & Dodge, 1994; Weiss et al., 1992）。有攻擊性和缺乏社交技巧的兒童通常在設身處地（也就是了解別人的想法和感覺）方面的能力也比較差，因而妨礙了他們有效的社交問題解決技巧（Chandler, 1973; Gurucharri, Phelps, & Selman, 1984）。分裂行為和／或有攻擊性的兒童比較容易感到挫折，並且出現脾氣爆發的情況（Barkley, 1990; Lochman, Nelson, & Sims, 1981）。許多注意力不足過動症兒童和／或學業落後的分裂行為障礙症兒童的注意力維持能力受限，組織技巧不好，而且經常中斷需要全神貫注的工作（Douglas, 1983; Hooks, Milich, & Lorch, 1994）。最後，許多有行為問題的兒童有低自尊和／或憂鬱症狀（Jensen, Burke, & Garfinkel, 1988; McConaughy & Skiba, 1993），因而導致這些兒童對於成功和失敗經驗有認知上的錯誤和不適當的歸因（Curry & Craighead, 1990; Hoza, Pelham, Milich, Pillow, & McBride, 1993）。**假設當這些兒童危險因子出現的時候，會對兒童在自我控制、社交、學業和情緒等領域的發展有不利的影響。**

表 17-3　　與分裂行為障礙症有關的兒童危險因子，假設中受影響的發展領域，用來促進假設中的保護因子之技巧訓練方法，以及預期中兒童的演變結果

兒童危險因子	假設中受影響的發展領域	用來促進假設中的保護因子之技巧訓練介入方法	預期中兒童的演變結果
・不順從	・自我控制發展遲緩（也跟親子問題有關）	・順從性訓練（第七章）	・順從性會有所增進（也同時增進親子關係）
・違反規定的行為	・自我控制發展遲緩（也跟親子問題有關）	・遵守規定訓練（第八章）	・遵守規定的行為會有所增進（也同時增進親子關係）
・衝動的認知速度，過動―衝動性	・自我控制發展遲緩（也跟親子問題有關）	・一般性及事先思考問題解決技巧訓練（第十章）	・深思熟慮的能力會有所增進（也同時增進親子關係）
・社交行為技巧不足	・社交發展遲緩	・社交行為技巧訓練(第九章)	・社交關係會有所增進
・社交問題的解決能力不足	・社交發展遲緩	・社交問題解決技巧訓練（第十章）	・社交關係會有所增進
・挫折忍受度太低／經常脾氣爆發	・情緒發展遲緩	・生氣管理訓練（第十章），情緒教育（第十三章）	・調整強烈情緒的能力會有所增進
・注意力的維持能力有限，中斷工作的行為，組織能力不好	・學業發展遲緩	・管理自己學業的行為技巧訓練（第十二章）	・做功課的產量及成果都會有所增進
・低自尊，情緒問題	・情緒發展遲緩	・情緒教育（第十三章），有幫助的思考方式訓練（第十四章）	・自尊及情緒健康都會有所增進

　　表 17-2 和 17-3 討論的危險因子必須用不同的觀點來看待。這些危險因子是屬於「近端性的」，因為這些可以馬上觀察得到，而且容易在技巧訓練當中做修正；另外有一些屬於「遠端性的」危險因子，譬如智力、性別、家庭大小、醫療、社經地位、學校和社區因素，這些都跟兒童行為障礙症的出現和延續有關（請參考 Kazdin, 1995）。雖然這些遠端性的危險因子很重要，卻不容易觀察和修正，因此並非技巧訓練的直接重點。很重要的一點是並非所有的父母／家庭／小孩都會暴露於所有的這些危險因子，不過，當危險因子出現得愈多時，

小孩就愈有可能會有行為問題（Loeber, 1990）。儘管如此，因果關係並不是非常的清楚，舉例來說，有可能是無效的教養方式導致小孩的不順從行為增加，也有可能是小孩的不順從行為太多導致無效的教養方式。真實的情況可能是父母／家庭因子和兒童因子彼此影響，造成惡性循環，因而加重了問題的嚴重性。

　　當表 17-2 和 17-3 所討論的危險因子出現許多的時候，兒童就比較容易走向負面的發展途徑，他會沒有辦法完成正常的發展任務，同時表現出發展偏差，譬如行為和心理問題。兒童危險因子，譬如早發的過動衝動症狀、攻擊性和不順從，可以預測兒童在小學年齡時會被同儕排斥，並且有學業落後的情況，也可以預測這些兒童在青少年期或成人期會有嚴重的行為規範障礙症、非法行為和藥物濫用（Loeber, 1990; Moffit, 1993; Patterson, DeBarshe, & Ramsey, 1989）。前面提到的父母／家庭危險因子會將兒童的行為障礙症引發、加速，並且固著化下來（Frick, 1994; Loeber & Stouthamer-Loeber, 1986）。

　　增進發展勝任能力介入方法試圖透過技巧訓練介入方法來提昇保護因子，當保護因子增加時，便可幫助兒童緩衝危險因子所造成的負面影響，也因此可以促使兒童走向正面的發展途徑，他也會更容易地順利完成發展任務，並且在許多發展領域中表現出勝任能力。表 17-2 和 17-3 總結了假設中用來提昇父母／家庭和兒童保護因子的介入方法，這些介入方法在本書的第三章到第十五章會做詳細的說明。

　　圖 17-1 說明了危險／保護因子、增進發展勝任能力的介入方法以及兒童最後的發展結果三者之間的假設關係。自然發生的危險／保護因子就是兒童天生的特質，以及他在自然環境中所接觸到的事物。我們假設當兒童接受增進發展勝任能力的介入方法之後，保護因子將會增加，因而使兒童獲得良好發展結果的機會大大增加。

　　在本書中用來提昇發展勝任能力的技巧訓練介入方法是從認知行為治療（cognitive-behavioral therapy, CBT）方法所衍生而來（如 Barkley, 1987, 1990; Bernard & Joyce, 1984; Blechman, 1985; Braswell & Bloomquist, 1991; Finch, Nelson, & Ott, 1993; Forehand & McMahon, 1981; Kendall, 1991; Kendall & Braswell, 1993; Robin & Foster, 1989; Spence, 1994; Stark, 1990）。認知行為治療在這裏是

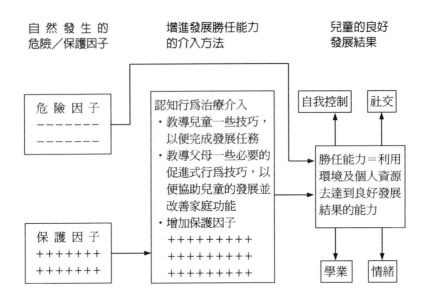

圖 17-1　危險／保護因子，增進發展勝任能力的介入方法，以及兒童的良好發展結果三者之間的假設關係

被廣義地定義成一群目標導向的短期技巧訓練介入方法，而且這些方法融入了行為和認知治療的技巧。「認知行為治療的生態—發展模式」（Braswell & Bloomquist, 1991）應用在這方面所指的就是這些介入方法究竟如何執行。這個模式的生態性部分是指介入兒童及兒童週遭環境中的其他人；這個模式的發展性部分強調提供符合兒童發展程度的各種不同的技巧訓練介入方法。基本的主張是教導兒童和他的父母用不同的方式來思考和行動，而最終的目標是要促進兒童的發展。在整本書中，父母被灌輸如何將技巧訓練融入兒童的環境當中，以及如何使用最好的方法來解釋發展上的差異，而治療者也可以協助父母來運用這些將生態及發展因素納入考慮的技巧訓練程序。

　　你可能會問認知行為治療是如何協助兒童獲得發展上的成長。為了要說明這個部分，我們要思考有關兒童「潛移默化」和「直接了當」的發展學習。舉例來說，大部分兒童學習說話是透過觀察別人的言談，然後在發展的「關鍵期」中逐漸地累積說話的能力，因此，學習說話是潛移默化發展學習的一個好例子。當一個兒童有遲緩和／或呈現發展上的問題時，他就應該在相關的發展技巧方

面接受**直接了當**的訓練，如果兒童在說話方面有遲緩的現象，他就應該透過語言治療接受直接的指導，以便協助他發展說話的必備技巧。我在這裏也主張當兒童在自我控制、社交、學業和／或情緒發展等領域有發展遲緩的現象時，他就必須接受直接了當的技巧訓練和發展學習。認知行為治療方法是一些直接了當的指導性技巧，其目的是建立發展技巧。**對兒童在自我控制、社交、學業和情緒等領域做直接了當的技巧訓練，以及讓父母透過指導和引導來改善他們的促進式行為都可以增進兒童的發展狀態。最主要的目標並不是要「治癒」這些兒童，而是讓這些兒童「走向」正面的發展軌道上面去。**

　　前面曾提及並非所有的兒童在所有的發展領域都有遲緩的現象，也不是所有表 17-2 和 17-3 所描述的危險因子都會出現在所有的父母／家庭／小孩當中，因此，並不是每一個父母／家庭／小孩都要接受表 17-2 和 17-3 所描述的所有介入方法。治療者要跟父母和小孩共同合作，決定那些技巧訓練重點最有相關，並據此實施技巧訓練。

支持技巧訓練有效的研究

　　有大量的研究曾經評估行為障礙症兒童及其家庭接受各種技巧訓練之後的效果，在這個段落中我將對這些研究文獻的主要結論做一個簡短的綜論。這些研究結果並不是直接評估我在前面所提到的增進發展勝任能力模式的介入理論，不過確也評估到屬於本介入模式一部分的特定訓練介入方法。

　　在將這些研究結果應用到利用本書所做的技巧訓練成果時，有一件事要特別注意。下面討論到的研究通常是由經過完整訓練的治療者在理想且高度控制下的環境中實施；相反地，本書可以當作是自助指導手冊或是跟治療者一起合作使用，因此，本方法並不像研究中所使用的程序那麼嚴謹。目前為止並沒有研究特定地評估用自助的型式或在治療者協助之下運用本書的結果，所以儘管下面討論到的研究支持本書所提供方法的有效性，你在使用本書的時候並不必然會得到同等程度的效果。

針對兒童的不順從、違反規定、攻擊行為及親子互動所做的父母訓練

在這個段落討論到的研究通常涉及治療者訓練父母來修正小孩行為和親子互動。通常是父母接受小孩管理技術訓練，以便減少小孩的分裂行為並且增加小孩的正向行為；父母也被訓練去投入小孩導向的遊戲／建立關係的活動之中。這些研究樣本的年齡從學齡前到青少年都有，不過大部分是針對小學年齡的兒童所做的研究。

有許多半實驗性或實驗性的研究報告評估了父母訓練對小孩分裂行為的影響（見 Hinshaw & Erhardt, 1990; McMahon, 1994; Webster-Stratton, 1993）。父母訓練已經被證實對減少小孩的不順從、違反規定和攻擊行為很有效，同時可以改善親子互動。研究發現治療的效果可以類化到家庭環境中，而且在治療之後效果甚至可以延續到四年半。如果研究樣本是針對學齡前和小學年齡的兒童而不是青少年的話，通常研究結果就會更加顯著。最近的一個研究也發現先訓練父母管理小孩的行為，再訓練他們建立親子關係的技巧，比起先訓練父母建立親子關係的技巧，再訓練他們管理小孩的行為效果更好，前者的小孩行為改善較大，而且父母也比較滿意（Eisenstadt, Eyberg, McNeil, Newcomb, & Funderburk, 1993）。父母訓練也被證實對父母有正面的效果，因為它可以降低父母的壓力，同時改善他們在教養方面的自尊（Anastopoulos, Shelton, DuPaul, & Guevremont, 1993）。

針對兒童的不順從、違反規定、攻擊行為及家庭互動技巧所做的家庭訓練

在這些研究中，家庭成員一起接受治療者的訓練，通常主要的重點是放在改善跟解決問題、溝通、協商和化解衝突有關的家庭互動技巧，有些也強調改變父母和／或兒童／青少年對彼此所持的不合理想法。通常父母也接受小孩行

為管理的指導，以便改善小孩的不順從和違反規定行為。在這些研究當中所使用樣本的年齡通常是小學晚期或青少年。

有一系列的研究運用 Robin 和 Foster（1989）所提出的家庭技巧介入訓練技術來對青少年從事家庭互動技巧訓練。研究者發現這類訓練可以減少家庭衝突，並且改善家庭互動（Foster, 1979; Robin & Foster, 1989; Robin, Kent, O'Leary, Foster, & Prinz, 1977）。有一個研究也發現合併使用家庭互動技巧訓練和父母的小孩行為管理訓練，比起只有家庭技巧訓練的效果更好，前者的小孩行為改善較大，而且效果也延續得比較久（Phiffner, Jouriles, Brown, Etscheidt, & Kelly, 1990）。

有一些研究群專注在研究對有嚴重行為規範障礙症和非法行為的兒童實施家庭互動技巧訓練的效果。Alexander 和 Parsons（1982）所發展出來的功能性家族治療（Functional Family Therapy）已經接受一些研究的評估。功能性家族治療強調家庭互動技巧訓練，但也將額外的重點放在訓練父母的小孩行為管理技巧和各類實用的技巧，功能性家族治療在減少兒童的分裂行為、非法行為、被送上法庭的機會以及改善家庭互動技巧與治療後兩年半的效果延續等方面的效果，都明顯地高過比較組和控制組（Alexander & Parsons, 1973; Klein, Alexander, & Parsons, 1977; Parsons & Alexander, 1973）。Henggeler 和同事發展了一套治療模式叫做多重系統家族治療（Multi-Systemic Family Therapy）（Henggeler & Borduin, 1990）。多重系統家族治療跟功能性家族治療有些類似，但是額外強調對小孩做認知行為治療，而且經常會有到個案家中做家族治療和社區／學校的介入。多重系統家族治療在減少青少年的非法行為和改善親子關係方面的效果，都明顯地高過其他替代的治療組，而且效果能持續一到四年（Borduin, Henggeler, Blaske, & Stein, 1990; Bourduin et al., 1995; Henggeler, Melton, & Smith, 1992; Henggeler et al., 1986）。

針對兒童的社交行為技巧所做的兒童訓練

在這些研究中，兒童接受治療者用個別或團體的方式來做訓練，以便增加

特定的社交行為技巧。重點通常是放在改善親社交性（prosocial）行為，譬如表達感覺、分享、合作、開啟話題、自我肯定等等。通常是針對有攻擊性和／或被排斥的兒童。在團體訓練當中，常常會利用到行為管理技術。

　　研究已經印證了社交行為技巧訓練的效果。Pelham 和 Bender（1982）發現合併使用社交行為技巧訓練和行為管理在減少分裂行為的效果方面，比起只有社交行為技巧訓練的效果更好。Bierman 和同事在治療有攻擊性和被排斥的兒童時發現社交行為技巧訓練對於改善他們的親社交性行為技巧和降低他們的攻擊性方面都很有效（Bierman & Furman, 1984; Bierman, Miller, & Stabb, 1987）。Prinz、Blechman 和 Dumas（1994）做的研究將重點放在教導兒童有關資訊溝通／交換的技巧，並且合併使用行為管理，這些研究者發現接受這類治療的兒童能夠彼此交換更多的資訊，同時也減少了攻擊行為。

針對兒童的過動衝動行為所做的兒童訓練

　　有許多研究評估透過自我指導和問題解決技巧訓練來幫助兒童「行動之前先思考」，以降低過動衝動行為的效果，在這類訓練中，兒童被訓練運用自我陳述來調解行為反應，而訓練型式可以是個別性的或是團體性的，這些研究的樣本通常是小學年齡的兒童。

　　Kendall 和 Braswell（1993）總結了早期對衝動的兒童所做的研究結果，這些樣本的來源有兩種，一種是根據在衝動性認知評估工具中的表現，一種是老師認為在教室中表現衝動行為而轉介來的個案，這些樣本中有許多兒童呈現未達臨床程度的分裂行為問題。大部分的早期研究都發現自我指導／問題解決技巧訓練可以減少衝動反應（從衝動性認知評估測驗中得知），而且改善老師和父母對這些兒童的分裂行為評分。

　　Kendall 和同事們（Kendall, 1981, 1982; Kendall & Braswell, 1982; Kendall & Finch, 1978; Kendall & Wilcox, 1980; Kendall & Zupan, 1981）實施一系列的研究，評估自我指導／問題解決技巧訓練用在老師轉介來的「無法自我控制」（過動衝動）兒童之效果。接受自我指導／問題解決技巧訓練的兒童比參加其他控制

組或比較組的兒童有更多的進步。研究者發現一般概括性的自我指導／問題解決技巧訓練在促進兒童表現的類化方面，比特定任務的訓練更好。兒童的技巧訓練不管是用個別的方式或團體的方式實施，效果都是差不多。在實施自我指導／問題解決技巧訓練的過程中，若是合併使用行為制約的方式，效果會比只使用自我指導／問題解決技巧訓練更好。在一些研究中有評估長期追蹤的效果，結果發現接受治療的兒童仍然延續著治療效果，但是和控制組及比較組的差異不大，顯示可能有飽足效應產生。

有許多研究評估自我指導／問題解決技巧訓練用在符合注意力不足過動症臨床準則（過動衝動型）兒童的效果，這些研究中的兒童比前面所提到研究中的兒童有更嚴重的臨床症狀。一般說來，自我指導／問題解決技巧訓練對注意不足過動症兒童很有效（Abikoff, 1987; Braswell & Bloomquist, 1991; Kendall & Braswell, 1993）。Brown 和同事們（Brown, Borden, Wynne, Schleser, & Clingerman, 1986; Brown, Wynne, & Medenis, 1985）評估自我指導／問題解決技巧訓練合併或不合併利他能藥物對注意力不足過動症兒童的效果，在這些研究中，Brown 和同事們發現利他能的療效和利他能加上自我指導／問題解決技巧訓練的療效一樣好，而且兩種有用到利他能的療效都比只用自我指導／問題解決技巧訓練的療效更好。值得一提的是，當自我指導／問題解決技巧訓練或利他能不再使用之後，治療便不再有效。

Bloomquist、August 和 Ostrander（1991）評估一種以學校為基礎的介入方法用在小學年齡注意力不足過動症（過動衝動型）兒童的效果，這個介入方法合併對兒童做問題解決／社交技巧團體訓練和對父母／老師做教育／照會諮詢工作。接受這種合併訓練的兒童跟比較組或控制組的兒童比較起來，前者在教室內的分裂行為和中斷工作的行為都有更多的改善。儘管如此，這個研究的結果仍被評為負面，因為接受合併治療的兒童在老師的評分和自填量表方面並沒有改善。

針對兒童的攻擊行為／生氣問題所做的兒童訓練

在這些研究中，治療者訓練有攻擊性或有攻擊性／行為規範障礙症的兒童使用跟社交問題解決技巧、設身處地、情境解釋和生氣管理等方面有關的認知策略，並且運用社交行為技巧，在過程中也經常利用行為制約來促進兒童獲得技巧，這些研究樣本的年齡通常是小學或青少年早期。

Lochman 和同事們（Lochman, 1992; Lochman, Burch, Curry, & Lampron, 1984; Lochman & Curry, 1986; Lochman, Lampron, Gemmer, Harris, & Wyckoff, 1989; Lochman & Lenhart, 1993）已經發展並評估過一套生氣處理方案（Anger Coping Program）。參加生氣處理方案的兒童跟比較組或控制組的兒童比較起來，前者在教室內觀察到的攻擊行為和父母及老師的攻擊行為評分都有更明顯的降低，此外，參加生氣處理方案的兒童在治療之後會有較高的自尊，並且更加熟練問題解決技巧；研究者發現在治療之前問題解決技巧最差的兒童，在治療之後進步最多；Lochman 也發現接受生氣處理方案的兒童跟接受替代性治療的兒童比較起來，前者在治療之後三年仍然持續表現出自尊方面的改善，同時也使用較少的藥量。但很可惜，接受生氣處理方案的兒童跟接受替代性治療的兒童比較起來，兩者在治療之後三年在攻擊／非法行為方面並沒有明顯不同。

Kazdin 和同事們（Kazdin, Bass, Siegel, & Thomas, 1989; Kazdin, Esveldt-Dawson, French, & Unis, 1987a, 1987b; Kazdin, Siegel, & Bass, 1992）對有攻擊性的行為規範障礙症兒童從事一系列的治療研究。跟控制組或比較組的兒童比較起來，接受社交問題解決技巧介入的兒童在老師和父母的分裂／攻擊行為評分方面都有更明顯降低，而且這個結果在剛接受過治療以及在一年後的追蹤期間都有出現。在一個研究中，Kazdin 和同事們發現若合併對兒童做訓練以及對父母訓練兒童行為管理技巧的話，在降低兒童分裂／攻擊行為的效果會比只對兒童做訓練來得更好。

針對兒童的注意力不集中／中斷工作的行為所做的兒童訓練

在這些研究中，教室內的治療者或老師會訓練兒童對進行工作的行為做自我監督。自我監督訓練包括兒童學習如何監督特定的行為，記錄這些行為出現的狀況，評估自己表現的進步情況，以及在自己行為改善時實施自我增強。這些研究的樣本通常是小學年齡的兒童。

Evans 和 Sullivan（1993）總結了用自我監督來改善進行工作的行為之效果評估研究。自我監督訓練已經被證實可以改善兒童進行工作的行為以及在教室內完成的功課數量，而且如果對自我監督的行為再使用行為增強的話，小孩自我監督訓練的效果會更好。

針對兒童的低自尊／內向化問題所做的兒童訓練

如同以前所討論，許多行為障礙症兒童同時也有憂鬱／焦慮和／或低自尊的問題。有些人針對只有內向化的問題或合併有分裂行為問題的兒童做研究，在這些研究中通常使用認知重整技術，加上一些問題解決技巧、情緒教育和放鬆技巧訓練。兒童通常在團體中接受訓練，不過也有一些人在個別治療中接受訓練。這些研究的樣本通常是小學年齡的兒童。

Ollendick 和 King（1994）總結了關於認知行為治療用在內向化問題的研究文獻。對於憂鬱的兒童而言，認知行為治療的治療效果和放鬆訓練一樣，而且這兩種治療方式都比控制組或比較組的效果更好。放鬆訓練也被證實對患有焦慮症狀的兒童特別有用。

針對兒童的分裂社交及學業行為所做的密集暑期訓練

Pelham 和同事們（Pelham & Gnagy, 1995; Pelham & Hoza, in press）已經發展並且評估了密集暑期治療課程對注意力不足過動症和相關的行為問題兒童的

治療效果。在暑假中,兒童接受整整八週總共三百六十小時的治療,兒童會被
安排一些課堂和休閒活動,而在這些活動中,兒童跟輔導員/老師共同努力完
成一些社交、課堂和問題解決技巧,在過程中隨時都會用到行為管理策略,父
母每週接受小孩行為管理訓練,而且有許多兒童在服用精神刺激藥物。在暑期
課程結束之後,還有追蹤訓練課程,包括星期六的兒童訓練聚會、父母聚會,
以及對學校的照會諮詢。

　　Pelham 和 Gnagy(1995)報告了二百五十八位兒童所完成的暑期治療課程
資料。所有的評估工具,從消費者滿意度到父母/老師/輔導員對兒童行為的
評分到兒童的自填量表都有明顯的改善,而且父母也認為自己在教養小孩時有
比較好的感覺。

針對有攻擊性的高危險兒童所做的預防性介入

　　Vitaro 和 Tremblay(1994)發展出一套針對小學年齡有攻擊性的兒童實施
的預防方案,企圖改善這些兒童的短期和長期發展結果。有攻擊性的兒童在這
個研究中接受兩年的密集治療,包括父母的行為訓練和兒童的社交技巧/問題
解決技巧訓練,接著在治療結束之後,每年評估此方案的效果,為期三年。

　　Vitaro 和 Tremblay(1994)發現接受治療的兒童比起控制組的兒童,在老
師對分裂/攻擊行為的評分方面有更顯著的改善,而且這個效果隨著時間的延
長變得愈來愈明顯。同儕提名測量法也顯示接受治療的兒童在培養友誼的能力
方面有長足的進步,在追蹤的三年期間,他們會結交到更多的親社交性同儕。
Vitaro和Tremblay推論這些接受治療的兒童會逐漸地能和別人培養更好的友誼,
進而讓他們走向一個比較正向的發展軌道,最後這些兒童的攻擊行為便會逐漸
地減少。

　　Tremblay、Pagani-Kurtz、Masse、Vitaro和Pihl(1995)報告了原始預防方
案的更長期效果研究(如 Vitaro & Tremblay, 1994)。他們發現在十五歲的時
候,預防方案對於非法行為的介入效果已明顯地減弱,因此Tremblay等人主張
若要長期延續預防方案的效果,日後必須要有一些加強性的治療聚會。

關於對父母／家庭和兒童實施技巧訓練的結論

　　McMahon（1994）曾就治療者將技巧訓練程序用在行為障礙症兒童及其父母身上時，要如何擴大治療效果這方面提出幾點建議。McMahon認為很重要的是要針對會影響兒童長期適應的危險因子做處理，其中最重要的目標就是父母的教養行為以及兒童的不順從、攻擊和衝動行為。McMahon建議在治療的時候應該要採用最被實證研究支持的方法，其中用來減少分裂行為和改善親子／家庭互動的父母／家庭訓練程序被證實是有效的治療方法，另外，以兒童為重點的社交問題解決技巧／生氣管理訓練用在處理有攻擊性的兒童方面也很有效。至於注意力不足過動症兒童，McMahon建議技巧訓練和藥物治療一併使用。在跟兒童和／或家庭一起努力時，McMahon主張先訓練兒童週遭的大人對兒童做一些外在的行為管理，然後再將重點放在幫助兒童學習內在的自我調整技巧。最後，McMahon建議應該要讓那些出現分裂行為早期徵候的兒童接受治療，而不要等到他們年齡愈大，問題變得更加不可收拾的時候再處理。

　　在跟有行為問題的兒童及其父母共同努力時，治療者也必須考慮治療的強度，因為治療的強度必須足夠（也就是長時間，多重模式治療）才能讓這些兒童產生改變。為了要說明這一點，有必要對照一下 Bloomquist 等人（1991）以及 Pelham 和 Gnagy（1995）這兩個研究，這兩個研究的樣本都是有行為問題的注意力不足過動症兒童，而且兒童都在求學環境中接受問題解決／社交技巧訓練。Bloomquist 等人（1991）使用的治療時間大約是二十小時，方式是對父母／老師做教育／照會諮詢的工作，結果兒童的進步很少；相反地，Pelham 和 Gnagy（1995）使用的治療時間總共有三百六十小時，而且有多方面的父母訓練，同時有許多兒童也接受精神刺激藥物的治療，Pelham 和 Gnagy 的研究中，兒童及其父母都產生了顯著的改善。

　　治療行為障礙症兒童及其家庭必須持續不斷，而且在某些時段中要有密集的治療（Kazdin, 1995）。雖然上面回顧的大部分治療研究都發現兒童有顯著的

改變，但是這些努力很少能夠「治癒」這些兒童，大部分的兒童會持續出現一些問題，必須做追蹤治療。因此，兒童的行為障礙症應該被當作是「慢性」問題，必須接受持續不斷的治療（Kazdin, 1995）。

　　預防性的技巧訓練介入方法有可能會改善高危險兒童的發展結果。初步的證據顯示完整的密集技巧訓練可能在三年之中減少高危險兒童的分裂行為（Vitaro & Tremblay, 1994），不過在實施預防性介入時，有必要提供持續性的介入才能延續原來的治療效果（Tremblay et al., 1995）。在將來需要有更多的研究來評估預防方案的短期和長期效果。

$$18$$

在技巧訓練中治療者用來幫助父母及小孩的程序

　　本章的目標是要提供一些方法來協助治療者從事父母和小孩的技巧訓練，另外也會針對如何將本書的內容融入治療方面提供一些實務上的建議。

　　本章不回顧到對有或沒有分裂行為障礙症的兒童實施診斷評估方面的事情（診斷評估方面的問題請參考 Barkley, 1990; Braswell & Bloomquist, 1991; Hinshaw, 1994），因為我們假定評估工作已經完成，而且治療者目前正要投入技巧訓練介入方法當中。

挑選需要介入的父母和家庭

　　大部分的分裂行為障礙症兒童或多或少可以從技巧訓練介入方法中獲益，**不過，治療者仍需考慮一些排除準則，因為在這些情況下使用技巧訓練的效果可能不好，或甚至不適當。**這些排除準則包括兒童的分裂行為障礙症太嚴重（如重複出現暴力行為）、兒童有低智商／腦病變、嚴重的婚姻和／或家庭問題、嚴重的父母精神病態，或過去兒童曾被嚴重地虐待／忽略。如果個案身上有這些排除準則中的一些或全部項目的話，那麼技巧訓練只能當做是全部完整治療中的一環。

　　一旦治療者確定這個小孩、父母或家庭適合這種介入方法，接下來就要考慮使用何種型式來執行治療。**對有輕度到中度問題的小孩和家庭而言，父母技巧訓練團體治療是一種很有威力和效果的介入方法。當小孩或家庭出現較嚴重**

的困難時，使用家庭介入方法可能較為適當。

做改變的準備

做改變的準備絕對是一件很重要的事，而且必須在做技巧訓練之前就要準
備好（Braswell & Bloomquist, 1991）。本段落的**目標就是在幫小孩、父母或家
庭做準備，以便他們能夠從技巧訓練中獲益。**

合作

促進改變的心理準備其中一種方法就是**主動地和小孩、父母或家庭合作。**
合作的第一步就是解釋分裂行為障礙症這個診斷以及所有相關的事情（請參考
第一章）；第二步關係到治療的選擇，治療者應該要充分地說明技巧訓練方法，
但是也要討論替代的介入方法，包括藥物、學校內的輔導、社區內的服務設施
等等；在這些都已經完成之後，治療者和小孩、父母或家庭應該共同決定在治
療中要著重那些技巧。治療者可能會認為自己選擇的方向最適當，但是如果沒
有個案的貢獻，準備工作可能不會很順利。第二章的內容讓父母有機會在十個
處理重點中對自己、對家庭和對小孩評分，而評分結果可以幫助我們思考從那
些重點著手最適當。

處理抗拒

在所有改變的過程中，抗拒是無可避免的現象，而且常常跟沒有做好改變
的準備有關，因此有必要先處理抗拒。**對技巧訓練的抗拒通常以父母和小孩抱
持著沒有幫助的信念／認知，不順從做家庭作業，和／或父母有太多個人／家
庭問題以致無法從這個方法獲益等等型式出現**（Braswell & Bloomquist, 1991）。
當父母和／或小孩對治療抱持沒有幫助的想法時，便是在信念／認知方面

產生抗拒。如果父母和／或小孩為了問題彼此責怪，那麼技巧訓練方式就不管用。治療者在嘗試任何技巧訓練之前，應該要花一些時間來確保所有家庭成員都了解自己在問題的形成和解決方面都負有一部分的責任。假如父母期待小孩做所有的改變，或是小孩期待父母做所有的改變，那麼即使運用技巧訓練也無法讓事情真正地改變。因此在改變真正出現之前，每個人都必須對改善的過程有所承諾。

　　認知重塑技術可用來幫助個人看到他在問題中所扮演的角色。舉例來說，治療者常會聽到父母說：「他是一個可惡的傢伙。」這句話的意思是說小孩「有問題」，所以介入的重點應該要放在小孩身上。大部分的治療者了解只用個別的方式來治療不順從的小孩是不夠的，因為父母的參與非常重要，不過，如果父母認為小孩是問題的根源的話，治療的進展一定會不順利。在做認知重塑時，治療者剛開始可以要求父母舉出小孩表現得像「可惡傢伙」的實際例子，父母可能會說：「我要他去做一些事情，但是他拒絕。」接著治療者可以用像下面的說法來重塑問題：「所以，照你所描述的情況來說，事實上有兩個主題，一個是你要他去做一些事情，另外一個是他拒絕，現在我們先來討論你要他去做事情的表達方式，然後再來討論他如何拒絕，我們所要做的就是改變你的行為以及他的行為，你認為這個計畫如何？」這個說法已經將問題重塑成是由父母和小孩所共同「引起」。理想上這個說法將會幫助父母更能接受接下來有關順從性訓練的討論。其他的重塑技術可以用來幫助個人做改變的準備。

　　治療者也可以透過分析個案在聚會中的行為來協助家庭成員了解每個人對問題都負有一部分的責任。舉例來說，父母和青少年會經常為了家庭中的衝突或爭辯而彼此責怪，即使治療者坐在旁邊，這種衝突或爭辯仍無可避免地會出現在聚會中，此時治療者可以藉由指出每個人的行為反應如何加重衝突嚴重性的這種策略來重塑問題，也可以利用這個例子來幫助家庭成員看到每個人對問題都負有一部分的責任，如此一來，家庭成員會更能接受接下來有關家庭互動技巧訓練的討論。

　　小孩和父母必須對技巧訓練這種介入方法抱有適度的期望，因此你要確保個案充分了解這種介入方法費時又費心思，你可以用發展性的措辭（如促進小

孩的發展需要很長的時間）來說明這個介入方法，解釋兒童發展的四部分（請參考第十七章表 17-1），並且說明介入的目標是要讓小孩「回到發展的正常軌道上面」。

行為上的抗拒也是一個很重要的因素，而且此類抗拒通常是以不順從做家庭作業這種型式出現。整本書裏面我們都儘量讓家庭指定作業變得很容易了解及實施（如每章最後面的圖表），這樣子應該能夠減少在實施家庭指定作業時的行為抗拒，不過，治療者仍需主動地監督個案在做家庭作業的進步情況，並且在必要時做一些調整，以便促進家庭作業的進展。

小孩經常會抗拒做家庭指定作業，理想上應該要從內在來增進小孩的動機，但是這種方法不一定總是有效，此時治療者可以重塑問題來讓小孩看到做家庭作業的好處，如果沒有效，父母可能要透過具體的增強由外在來增進小孩的動機，以便讓事情進展得更順利。在這整本書中都有討論到如何增強小孩，你必須協助父母對沒有動機的小孩設計出一個增強計畫，然後實行一段時間，再逐步消退外在的增強。

當行為抗拒出現時，你必須要和個案再度合作討論導致家庭作業無法完成的障礙在那裏，治療者可以詢問個案是否在家庭作業練習中所針對的技巧就是最適當的處理重點。舉例來說，假如父母決定要對小孩運用每日行為契約（第八章），但是卻沒有做，此時治療者可以詢問父母是否透過行為契約來改善小孩的遵守規定行為就是他們最想要處理的重點。如果父母回答「不是」，那麼治療者就應該和父母再次合作來回顧其他可能的處理重點和方法；如果父母回答「是」，那麼就應該和父母討論導致他們無法實施每日行為契約的「障礙」在那裏。障礙的範圍可以從父母「忘記做」到「最近心情太差沒辦法做」，治療者和父母必須一起討論如何來克服這些障礙（關於如何克服障礙的方法，請參考第十六章）。

另一種常見的抗拒來源是父母本身的個人問題，而這些問題會妨害他們一致地利用父母訓練程序的能力。父母的個人問題範圍可以從父母在處理他們的小孩時，「重新體驗」了自己的童年陰影（例如當小孩被同儕嘲笑時，父母覺得憂鬱，因為父母在小時候也曾經被同儕嘲笑過），到父母本身有精神或社交

問題。在這些情況下，你可能要將父母轉介到精神衛生或醫療機構，或是將這個家庭轉介給各類的社會服務機構，因為通常這些其他問題會比技巧訓練更緊急，如果沒有先處理這些問題，技巧訓練不太可能會成功。

做改變的準備應該被視為介入方法當中的流動部分，一位治療者在跟一個家庭共同努力的過程中，他必須交替運用技巧訓練以及做改變的準備這兩種方式來達到治療的最佳效果。

挑選一個處理重點

雖然跟個案合作很重要，但是**治療者應該引導個案走向正確的方向，以便能選擇一些實際上最能完成的技巧訓練方法**。有些個案可能在十個處理重點的問題都很嚴重，果真如此，治療者更需引導個案往正確的方向努力。首要的原則是**把重點擺在小孩身上前，先處理明顯的父母和家庭問題**，而且即使是處理小孩問題的時候，**在努力讓小孩培養其他特定的發展勝任能力之前，必須先確保小孩具有順從和遵守規定的能力**。在挑選處理重點時也要考慮小孩的發展程度，像問題解決技巧、生氣管理，和有幫助的思考方式等方面的處理重點，都需要具備抽象思考能力才能夠執行，因此不適用於年齡較小的小孩。

在使用父母團體訓練型式時會涉及一些特別事項。在團體方案中很難個別為參加的家庭設計處理重點的內容，因此「自助餐式」的方法最管用，這個方法涉及將本書所有的內容在團體中做個概要的介紹，然後再幫助團體中的個別家庭選擇最適合他們的處理重點。本章接下來的段落將會描述父母團體的實施辦法。

和家庭合作的話，技巧訓練方法的個別化工作就會比較簡單，治療者只要跟家庭合作，幫助他們利用第二章中的十個處理重點評分來挑選處理重點即可。

治療者使用的訓練方法

　　本書描述了許多父母可以運用的不同技巧訓練程序，治療者可以運用行為訓練技術來幫助父母學會這些技巧，這些行為技術包括下面幾種方法：

　　1.教導式的說明：向父母和／或小孩說明技巧訓練的方法。

　　2.示範：將一種技巧表演出來，並且讓父母和／或小孩在一旁觀察你運用這種技巧。

　　3.角色扮演：指導父母和／或小孩演出，並且為他們示範如何運用技巧。

　　4.應用在真實生活環境中：指導父母和／或小孩將新技巧運用在真實生活中。

　　5.家庭作業：運用本書中的許多表格和圖表來分派給父母和／或小孩一些家庭指定作業。

　　6.定期回顧：不管是用父母團體或是家庭會談的型式，在治療的過程中都要回顧及評估父母和／或小孩的進步。

　　7.處理治療中發生的事件：當治療開始之後，有許多問題自然會在會談中出現，因此在介紹過幾種技巧之後，治療者應該要找機會鼓勵父母和／或小孩在會談中運用這些技巧。

　　8.讓父母和／或小孩彼此互相「教導」：學習的最好方法就是去教別人，因此治療者必須要求父母和／或小孩彼此互相教導他們已經學會的特定技巧。

　　9.蘇格拉底式問句：不要告訴父母和／或小孩做些什麼，但是要運用蘇格拉底式問句來引導他們找到他們認為重要的處理重點。

　　10.追蹤：長期持續監督父母和／或小孩的進步，以確保效果的延續並且預防復發。

　　治療者會運用許多這類的方法來幫助父母和家庭成員學會一些技巧。

實施父母團體治療的程序

　　慎選參加團體的父母是一件重要的工作，千萬不要挑選有高度個人問題的父母，而且在邀請父母加入團體之前，要確定已經個別為所有父母做好改變的準備工作。

　　團體參加者和治療者的數目隨治療環境不同而有所不同。在比較小的治療環境下，我們建議要限定團體的大小約在六到八位小孩的父母，而且最好有兩位治療者來實施這一類的團體，不過如果人力有限，只有一位治療者也可以；在比較大的治療環境下（如學校、社區中心）可以有較多父母接受訓練，在這種情況下，訓練方式要有比較多屬於講課的型式，然後在團體結束前留下一些時間做小團體分組討論，講課的部分由一位治療者負責，但是在每個小團體分組當中也至少要有一位治療者負責引導討論的進行。

　　治療者實施父母團體的格式很重要，一個良好的格式是大約十五分鐘做簡介／報到，大約三十到四十五分鐘做教導式的說明／示範／角色扮演，以及大約三十到四十五分鐘讓父母討論並練習在聚會中所呈現的技巧。如果父母的人數很多，我們建議要留下一些時間做小團體分組討論。

　　治療者應該要儘量讓父母們有彼此支持的機會。雖然訓練過程大部分是針對技巧的獲得，但是也要留下足夠的時間讓父母討論他們自己個人的關切和問題，有許多父母會認為團體治療經驗中被支持的感覺對他們很重要也很有幫助。

　　父母團體聚會的確實次數隨治療者的目標不同而有所不同，如果要包含本書的所有內容的話，至少要有十次兩小時的團體治療聚會。當然，治療者也可以按照自己需要而選取較短的時間和內容，理想上一個重點大約利用一次聚會的時間，並且在每次聚會的最前面一段時間應該用來回顧以前的內容。

　　父母團體的內容所包含的量和種類隨治療目標不同而有所不同，治療者可以決定不要包含某些章節，以便花更多時間在其他章節上面。舉例來說，如果團體中父母的小孩年齡是小學早期的話，治療者可以只選取第一章到第八章來

做；如果團體中父母的小孩年齡是小學晚期或是青少年的話，就可以加選其他
章的內容。

下面的一覽表列出了聚會次數、討論／呈現的主題，以及父母可以事先閱
讀的書面資料：

聚會	主　　題	父母指導手冊中的章節
1	簡介、分裂行為障礙症概論、十個處理重點之自我評估	第一章和第二章
2	父母的壓力管理、父母的想法	第三章和第四章
3	父母的參與及正向增強、家庭互動	第五章和第六章
4	順從性及遵守規定相關的管教問題	第七章和第八章
5	小孩的社交行為技巧	第九章
6	小孩的社交及一般問題解決技巧	第十章
7	小孩的生氣管理	第十一章
8	小孩管理自己學業的技巧	第十二章
9	小孩的情緒健康及自尊	第十三、十四、十五章
10	介入效果的延續及將來的計畫	第十六章

在實施父母團體訓練的同時，也可以讓小孩接受技巧訓練團體的訓練，不
過後者超過本章所要討論的範圍。簡單來說，執行技巧訓練的一種有效方式是
讓不同的治療者以合作的模式來跟小孩和父母一起努力。舉例來說，小孩的技
巧訓練團體可以針對社交行為技巧訓練，而父母的技巧訓練團體可以針對父母
在家中如何促進小孩社交行為技巧的發展。小孩的訓練和父母的訓練大部分的
時間可以分開來實施，只要在每次聚會期間有一段時間是屬於聯合訓練／社交
活動即可。Braswell 和 Bloomquist（1991）提供了實施小孩的技巧訓練團體以
及將這類團體跟父母技巧訓練團體協調在一起的詳細內容。

實施家族治療的程序

在實施家庭聚會時要考慮幾件事，第一件要考慮的就是要邀請誰來參加這個聚會。很顯然地，父母和這個小孩應該要在場，有時讓手足或其他大家庭成員來參加聚會也很有幫助。一般來說，明顯受到小孩影響或影響小孩的手足，若已超過五或六歲，通常可以從家庭聚會中獲益，手足可以學到類似的技巧，而且父母在應用時可以一起指導小孩及其手足。有些情況是小孩花了很多時間跟大家庭成員（如祖父母）在一起，因此最好讓這些大家庭成員加入治療聚會，以便他們能夠更了解小孩，並且能夠在技巧發展方面指導和引導小孩的進展。

在大多數的情況下我們會建議治療者剛開始跟家庭訂下十次聚會的約定，而且最好第一個星期有五或六次聚會，剩下的聚會則在接下來的一段時間內實施，好讓個案有足夠的時間來練習這些技巧。即使十次聚會已經結束，通常要持續一段時間來監督小孩和家庭的進步。

對家庭實施技巧訓練其中一種方法就是訓練父母來訓練小孩，這種方法的目標在於讓父母能夠訓練並促進小孩的技巧發展。治療者先跟父母會面，對父母做指導、示範、角色扮演，並與他們一起計畫。一旦治療者將父母訓練好了以後，就可以邀請小孩加入聚會，然後由父母對小孩做指導、示範、角色扮演，並且一起計畫，以便訓練小孩的技巧。

對家庭實施技巧訓練的另一種方法是先訓練小孩再訓練父母，這種方法的目標在於幫助父母在治療者訓練好小孩之後學習如何在家中促進小孩的技巧發展。治療者先跟小孩會面，針對某些技巧重點做指導、示範、角色扮演和計畫，而且治療者可以使用本書的指導方法來訓練小孩。舉例來說，如果治療者是在訓練小孩的生氣管理技巧，就可以利用第十一章的指導方法。一旦小孩經過了初步訓練，治療者便可邀請父母加入聚會。如果小孩做得到的話，可以讓小孩向父母簡單地說明技巧訓練程序，治療者也要對父母做指導、示範、角色扮演，並與他們一起計畫如何在家中運用這些技巧來指導和引導小孩。

對家庭實施技巧訓練的最後一種方法是同時和所有家庭成員一起努力，這種方法的目標在於一起訓練家庭成員的技巧發展，並且訓練父母在家中促進技巧的發展。當處理重點是放在家庭互動技巧（如第六章）時，這種方法就相當適用。治療者要和家庭成員會面，針對某一個技巧以及父母如何在家中促進技巧的運用等方面做指導、示範、角色扮演和計畫。

與多重問題家庭共事

許多求助於精神衛生機構的家庭有一大堆的問題，這些問題包括經濟問題、小孩虐待／疏忽、家庭內的虐待、父母有個人問題／低教育程度、缺乏交通工具，或經常遭遇壓力事件（如親人死亡、經常變換住所、離婚／分居等等），對面臨這些處境和問題的家庭做技巧訓練通常較為困難，也很具有挑戰性。

對多重問題家庭做改變的準備是一件很重要的事。為了確保技巧訓練能夠成功，有必要先減少上面所列出來的問題，這方面就會涉及在技巧訓練開始之前先將家庭轉介到精神衛生、醫療和／或社會福利機構做處理。

提供技巧訓練介入方法的便利性也很重要。你可能要在學校或社區中心實施技巧訓練或是提供交通工具，有時也要有人負責照顧小孩，為了要讓有多重壓力的家庭有動機參加，最好能夠提供食物或有趣的社交活動等等。

對多重問題家庭實施技巧訓練的時機也要考慮，最好在實施技巧訓練之前先實施傳統的個別治療（Tuma, 1989），或是先實施家庭系統治療（Minuchin, 1979），或是先用藥物治療。

只要技巧訓練有跟其他實用的治療策略併用，多重問題家庭仍然可以從中獲益。

對多重文化主題的敏感度

　　我們應致力於讓介入方法有多重文化的敏感度。來自不同文化背景的個人在語言、家庭結構、社區結構、對小孩發展的觀點、對教養的觀點，和對求助於精神衛生／教育機構的觀點等方面都有所不同（Ho, 1987），治療者應該要考慮到這些因素並據以調整技巧訓練的實施。這一部分超過本書所要討論的範圍（有興趣的讀者可以參考 Canino & Spurlock, 1994 和 Ho, 1987），不過我在這裏根據我對不同文化背景的小孩和家庭實施技巧訓練的經驗提供幾點建議。

　　確保介入方法具有多重文化敏感度其中一種方式就是**強調合作的概念**，這涉及治療者要花許多時間和心思主動傾聽個案的表達、呈現治療的選擇性，以及儘可能地收集家庭成員的意見，以便能夠找到一些對個案有意義且讓他們覺得自在的主題和實施方法。

　　用發展性的措辭來說明這個介入方法也可以協助來自不同文化的個案接受這種介入方法，基本的想法就是將技巧訓練描述成幫助兒童增進發展程度的方法。雖然兒童發展有文化上的不同，但是**在大部分的文化中，兒童發展仍有許多「共通性」的階段**。舉例來說，大部分的兒童在學齡前期會學習基本的社交技巧，不過在每一種文化團體中兒童學習到的社會技巧內容仍會有些許不同。治療者應該指導父母將一些廣泛的概念／方法用在自己和小孩身上，**但容許父母依照他們的文化背景做修正，以便能夠符合他們的信念、價值和目標**。

　　我已經儘量讓這本書具有多重文化的敏感度。本書的許多實例說明是沒有「文化差異」的（如劃記或哭笑臉等等）或是會描寫不同文化背景的情況，書中的故事情節希望能夠適用於不同文化的人們。本書強調發展的增進，而我發現這些策略能夠被來自不同文化背景的個案所接受。

在技巧訓練介入方法中運用本書的程序

　　本書可以用各種不同的方式來運用，端視個案的需要及治療的目標而定。治療者可以將整本書提供給個案，或是告知個案在那裏可以買到這本書。治療者可以要求父母在每一次聚會前事先閱讀某些章節或是聚會之後閱讀，以做為複習之用。另外，治療者也可以影印第三章至第十六章的某些圖表給個案使用。

　　本書的寫作方式有點複雜，對某些父母而言可能太難理解，不過我還是選擇用完整的方式來書寫本書的內容，以便增進父母對技巧的了解和執行能力。**由於閱讀能力的限制，並非所有父母都能夠從本書獲益，果真如此，治療者可以利用口頭或示範性的指導做為說明技巧訓練的方法。**治療者仍然可以跟這些父母一起運用本書中的圖表，這些圖表大部分很容易了解，即使受教育不多的父母也能夠使用，特別是附有圖片的圖表對這些父母會很有幫助。

對每一個主題所建議的指導方法及目標

　　以下列出在增進特定的技巧時，治療者可以運用的目標和方法，這些目標和方法可以在父母團體或家庭會談中使用。

主題及父母指導手冊中的章節	方法及目標
分裂行為障礙症 （第一章）	・複習主要的特徵和預後 ・強調不順從、攻擊性以及高壓的親子關係是影響長期預後的重要因素 ・複習一般的評估和治療方法

挑選一個處理重點 （第二章）	・協助父母做十個處理重點的評估 ・讓父母知道光是技巧訓練可能不夠，有時必須加上其他介入方法才能幫助家庭／小孩
父母的壓力管理 （第三章）	・幫助父母了解除非父母能夠調適自己，並且發揮應有的功能，否則他們無法提供小孩真正需要的東西 ・指導父母討論並且腦力激盪出各種不同的方法，讓父母可以利用這些方法做更好的壓力管理 ・對於有嚴重個人問題的父母，考慮將他們轉介到精神衛生機構或醫療單位
父母的想法 （第四章）	・要求父母做自我評估，並且找出自己經常出現那些在第四章所列出的沒有幫助的想法 ・要求父母問自己一些在第四章列出的問題，這些問題是關於這些想法對自己是否有幫助 ・複習在第四章列出的有幫助的反擊想法，並且要求父母針對有幫助的想法問自己一些同樣的問題 ・讓父母自我坦露一些新方法，而這些方法是讓他們用來對小孩、自己或相關的事情做重新的思考 ・幫助父母用發展的觀點來看待他們

的小孩
- 幫助父母利用第四章的發展常模來確認究竟他們的小孩在發展的層面上是否算是功能良好

父母的參與以及對小孩的正向增強（第五章）

- 要求父母自我坦露是否他們覺得已充分參與小孩的生活，並且對小孩提供足夠的增強
- 要求父母用百分比估計的方法（例如 50 ％正向，50 ％負向；60 ％正向，40 ％負向等等）回答他們在跟小孩相處時的正負向經驗
- 確定父母能夠了解正向增強不足跟小孩行為問題增加之間的關係
- 複習跟小孩相處的正向活動安排和特別活動
- 複習父母的自我監督
- 複習所有關於增強的程序

家庭互動（第六章）

- 說明何謂家庭溝通、家庭問題解決技巧，以及家庭衝突處理技巧
- 要求父母和家庭成員針對第六章所提到的「家庭溝通技巧」圖表中的「不要做的事」做自我評估
- 要求父母或家庭成員回饋他們觀察到彼此所做的「不要做的事」
- 確定父母或家庭成員能夠了解第六章所提到的「家庭溝通技巧」圖表

中「不要做的事」和「要做的事」之間的差別

- 要求父母或家庭成員許下承諾要去增加第六章所提到的溝通中「要做的事」
- 跟父母其中一位示範家庭問題解決技巧
- 要求父母或家庭成員先針對需要解決的簡單情境做問題解決技巧的練習（例如團體要如何運用剛剛抽獎贏來的一萬元）
- 跟父母其中一位示範衝突處理技巧訓練如何進行
- 讓父母或家庭成員針對家庭互動技巧做角色扮演活動
- 跟父母或家庭成員計畫如何在家庭的真實生活中運用家庭互動技巧
- 指定父母或家庭成員將在家中運用家庭互動技巧的情況錄音或錄影下來，並將帶子拿到下次的聚會中回顧

幫助小孩學習順從
（第七章）

- 定義小孩的不順從，包括父母和小孩在不順從問題中所扮演的角色
- 要求父母針對他們如何對小孩發出命令這件事做自我評估
- 要求父母針對他們如何對小孩發出警告這件事做自我評估

- 要求父母針對他們如何對小孩實施暫停及取消權利這些事做自我評估
- 說明暫停和取消權利所涉及的程序
- 父母其中一位扮演小孩,然後治療者示範如何執行暫停和取消權利
- 讓父母做角色扮演活動,練習暫停和取消權利

幫助小孩學習遵守規定
(第八章)

- 說明什麼是小孩的遵守規定問題
- 要求父母自我評估對小孩說明和執行規定的成效如何
- 說明每日行為契約
- 讓父母彼此討論,並填寫一份假設性的契約
- 幫助父母完成每日行為契約
- 讓父母共同努力並做腦力激盪,針對要鎖定那些行為,要運用那些增強方法,以及要取消那些權利,一起想出一些意見

小孩的社交行為技巧
(第九章)

- 說明社交技巧在預測小孩將來演變結果的重要性
- 幫助父母學習找出小孩的正向社交行為和負向社交行為
- 複習運用增強來修正社交行為的程序
- 複習如何練習新的社交行為技巧
- 複習協助小孩拒絕同儕壓力的程序

小孩的社交及一般問題解決技巧
（第十章）

- 定義小孩的衝動性和問題解決技巧不足
- 說明問題解決技巧訓練可能不適合八歲以下的小孩
- 複習訓練小孩問題解決技巧的所有步驟
- 討論促進小孩問題解決技巧的導向發現法
- 複習父母如何運用社交問題解決技巧來調停小孩跟同儕或小孩跟手足之間的衝突
- 複習問題解決技巧的程序以及相關的作業單
- 跟父母其中一位示範如何讓小孩練習問題解決技巧
- 讓父母做角色扮演活動，嘗試如何指導小孩使用作業單來練習問題解決技巧

小孩的生氣管理
（第十一章）

- 說明小孩的生氣問題、不順從以及家庭衝突困難三者之間的不同
- 說明生氣管理訓練可能不適合十歲以下的小孩
- 複習幫助小孩確認生氣訊號的程序
- 複習放鬆訓練的程序
- 複習調適性的自我談話訓練的程序
- 複習採取行動的程序（如問題解決技巧）

- 複習如何提醒小孩在生氣未變得失去控制之前便提早處理
- 跟父母其中一位示範如何和小孩一起努力控制生氣
- 讓父母做角色扮演活動，嘗試如何指導小孩使用作業單來練習生氣管理技巧

小孩管理自己學業的行為
（第十二章）

- 說明重點是放在小孩學業的相關行為，而非學業的技巧
- 複習改善父母參與小孩學校活動的一般建議
- 複習有關家庭作業的建議
- 複習家庭與學校聯絡單以及父母與學校合作的程序
- 複習如何幫助小孩在組織化和時間管理方面做得更好
- 複習如何訓練小孩持續進行工作

小孩的情緒健康及自尊
（第十三、十四、十五章）

- 說明分裂行為障礙症兒童是出現情緒問題和低自尊的高危險群
- 複習有關情緒教育的程序（例如幫助小孩表達感覺和問題）
- 示範說明父母應該如何跟小孩「對話」才能幫助小孩表達感覺和問題
- 讓父母跟治療者「對話」或父母彼此對話，並做角色扮演，練習如何幫助小孩表達感覺和問題

- 說明有幫助的思考方式訓練可能不適合十歲以下的小孩
- 複習如何幫助小孩改變沒有幫助的想法
- 跟父母其中一位示範如何和小孩共同努力來改變沒有幫助的想法
- 讓父母角色扮演如何和小孩共同努力，協助小孩用有幫助的想法反擊沒有幫助的想法
- 複習父母可以用來改善小孩自尊的一般常識

延續介入的效果
（第十六章）

- 詢問父母是否曾在新年下定新的決心，是否曾有節食／運動計畫，或是嘗試要戒煙等等，以及這些努力的最終結果如何
- 說明主動計畫如何延續治療介入的效果是必需也是有幫助的
- 複習第十六章討論的如何增進介入效果的延續

對家庭做追蹤

在運用技巧訓練方法時，我們時常藉由定期的補強聚會來追蹤家庭數個月甚至數年，在跟家庭一起努力時，追蹤是一個很關鍵的部分。**治療者應該要了解技巧的發展相當耗時，並且時常有復發的危險性**，而透過這些定期回顧和追蹤聚會，治療者可以監督個案的進步，在必要時重新找出家庭的處理重點，或

是複習以前學會的技巧。藉由不定期跟家庭會面（例如每年有幾次聚會或每個月一次等等）或是要求家庭出現新問題時再度與治療者連絡等方式，可以對家庭做長期的追蹤。

一、國內相關組織與資源

台北市學習障礙家長協會

住址：台北市信義路三段27號2樓

電話：(02) 2784-0109

網址：http://web.cc.ntnu.edu.tw/~t14010/tpld.html

二、國內有關書籍（適合一般人閱讀）

王意中編（民87）：認識注意力不足過動症——家長手冊。中華民國過動兒協會。

宋維村、侯育銘（民85）：過動兒的認識與治療。台北：正中書局。

何善欣譯（民85）：不聽話的孩子——過動兒的輔育與成長。台北：商周文化。

何善欣（民87）：最棒的過動兒。台北：心理出版社。

張美惠譯（民86）：ADD兒童的世界——透視注意力不集中症。台北：創意力文化出版社。

張美惠譯（民83）：家有過動兒。台北：創意力文化出版社。

參考書目

Abikoff, H. (1987). An evaluation of cognitive behavior therapy for hyperactive children. In B. B. Lahey & A. E. Kazdin (Eds.), *Advances in clinical child psychology* (Vol. 10, pp. 171–216). New York: Plenum Press.

Alexander, J. F., & Parsons, B. (1973). Short-term behavioral intervention with delinquent families: Impact on family process and recidivism. *Journal of Abnormal Psychology, 81,* 219–225.

Alexander, J. F., & Parsons, B. (1982). *Functional family therapy.* Monterey, CA: Brooks/Cole.

American Psychiatric Association. (1994). *Diagnostic and statistical manual of mental disorders* (4th ed.). Washington, DC: Author.

Anastopoulos, A. D., Shelton, T. L., DuPaul, G. J., & Guevremont, D. C. (1993). Parent training for ADHD: Its impact on parent functioning. *Journal of Abnormal Child Psychology, 21,* 581–596.

Anderson, C. A., Hinshaw, S. P., & Simmel, C. (1994). Mother–child interactions in ADHD and comparison boys: Relationships with overt and covert externalizing behavior. *Journal of Abnormal Child Psychology, 22,* 247–265.

Arend, R., Gove, F., & Sroufe, L. A. (1979). Continuity of individual adaptation from infancy to kindergarten: A predictive study of ego-resiliency and curiosity in preschoolers. *Child Development, 50,* 950–959.

August, G. J., Anderson, D., & Bloomquist, M. L. (1992). Competence enhancement training for children: An integrated child, parent and school approach. In S. Christenson & J. Conoley (Eds.), *Home–school collaboration: Enhancing children's academic and social competence* (pp. 175–213). Silver Springs, MD: National Association of School Psychologists.

Barkley, R. A. (1987). *Defiant children: A clinician's manual for parent training.* New York: Guilford Press.

Barkley, R. A. (1990). *Attention-deficit hyperactivity disorder: A handbook for diagnosis and treatment.* New York: Guilford Press.

Bernard, M. E., & Joyce, M. R. (1984). *Rational-emotive therapy with children and adolescents: Theory, treatment strategies, preventative methods.* New York: Wiley.

Bierman, K. L., & Furman, W. (1984). The effects of social skills training and peer involvement on the social adjustment of preadolescents. *Child Development, 55,* 151–162.

Bierman, K. L., Miller, C. L., & Stabb, S. O. (1987). Improving the social behavior and peer acceptance of rejected boys: Effects of social skill training with instructions and prohibitions. *Journal of Consulting and Clinical Psychology, 55,* 194–200.

Blechman, E. A. (1985). *Solving child behavior problems at home and school.* Champaign, IL: Research Press.

Bloomquist, M. L., August, G. J., Anderson, D. L., Skare, S. S., & Brombach, A. M. (in press). Maternal facilitation of children's problem-solving: Relationship to disruptive child behaviors and maternal characteristics. *Journal of Clinical Child Psychology.*

Bloomquist, M. L., August, G. J., & Ostrander, R. (1991). Effects of a school–based cognitive–behavioral training intervention for ADHD children. *Journal of Abnormal Child*

Psychology, 19, 591–605.

Borduin, C. M., Henggeler, S. W., Blaske, D. M., & Stein, R. (1990). Multisystemic treatment of adolescent sexual offenders. *International Journal of Offender Therapy and Comparative Criminology, 34,* 105–113.

Braswell, L., & Bloomquist, M. L. (1991). *Cognitive-behavioral therapy with ADHD children: Child, family, and school interventions.* New York: Guilford Press.

Braswell, L., Bloomquist, M. L., & Pederson, S. (1991). *A guide to understanding and helping children with attention deficit hyperactivity disorder in school settings.* Minneapolis: Department of Professional Development, University of Minnesota.

Breen, M. J., & Altepeter, T. S. (1990). *Disruptive behavior disorders in children: Treatment focused assessment.* New York: Guilford Press.

Brown, R. T., Borden, K. A., Wynne, M. E., Schleser, R., & Clingerman, S. R. (1986). Methylphenidate and cognitive therapy with ADD children: A methodological reconsideration. *Journal of Abnormal Child Psychology, 14,* 481–497.

Brown, R. T., Wynne, M. E., & Medenis, R. (1985). Methylphenidate and cognitive therapy: A comparison of treatment approaches with hyperactive boys. *Journal of Abnormal Child Psychology, 13,* 69–88.

Campis, L. K., Lyman, R. D., & Prentice-Dunn, S. (1986). The parental locus of control scale: Development and validation. *Journal of Clinical Child Psychology, 15,* 260–267.

Canino, I. A., & Spurlock, J. (1994). *Culturally diverse children and adolescents: Assessment, diagnosis, and treatment.* New York: Guilford Press.

Cantwell, D. P. (1989a). Conduct disorder. In H. I. Kaplan & B. I. Sadock (Eds.), *Comprehensive textbook of psychiatry* (5th ed., pp. 1821–1827). Baltimore: Williams & Wilkins.

Cantwell, D. P. (1989b). Oppositional defiant disorder. In H. I. Kaplan & B. I. Sadock (Eds.), *Comprehensive textbook of psychiatry* (5th ed., pp. 1842–1845). Baltimore: Williams & Wilkins.

Carlson, C. L., Lahey, B. B., Frame, C., Walker, J., & Hynd, G. (1987). Sociometric status of clinic-referred children with attention deficit disorder with and without hyperactivity. *Journal of Abnormal Child Psychology, 15,* 537–547.

Chandler, M. J. (1973). Egocentrism and antisocial behavior: The assessment and training of social perspective-taking skills. *Developmental Psychology, 9,* 326–332.

Curry, J. F., & Craighead, W. E. (1990). Attributional style and self-reported depression among adolescent inpatients. *Child and Family Behavior Therapy, 12,* 89–93.

Dadds, M. R., Sanders, M. R., Morrison, M., & Rebgetz, M. (1992). Childhood depression and conduct disorder: II. An analysis of family interaction patterns in the home. *Journal of Abnormal Psychology, 101,* 505–513.

Dodge, K. A. (1993). Social-cognitive mechanisms in the development of conduct disorder and depression. *Annual Review of Psychology, 44,* 559–584.

Douglas, V. I. (1983). Attentional and cognitive problems. In M. Rutter (Ed.), *Developmental neuropsychiatry* (pp. 280–328). New York: Guilford Press.

Dumas, J. E., & Serketich, W. J. (1994). Maternal depressive symptomatology and child maladjustment: A comparison of three process models. *Behavior Therapy, 25,* 161–181.

DuPaul, G. J., & Barkley, R. A. (1992). Social interactions of children with ADHD: Effects of methylphenidate. In J. McCord & R.E. Tremblay (Eds.), *Preventing antisocial behavior: Interventions from birth through adolescence* (pp. 162–190). New York: Guilford Press.

Eisenstadt, T. H., Eyberg, S., McNeil, C. B., Newcomb, K., & Funderburk, B. (1993). Parent–child interaction therapy with behavior problem children: Relative effectiveness of two stages and overall treatment outcome. *Journal of Clinical Child Psychology, 22,* 42–51.

Evans, H. L., & Sullivan, M. A. (1993). Children and the use of self-monitoring, self-evaluation, and self-reinforcement. In A. J. Finch, W. M. Nelson III, & E. S. Ott (Eds.), *Cognitive-behavioral procedures with children and adolescents: A practical guide.* Boston: Allyn & Bacon.

Finch, A. J., Nelson, W. M., III, & Ott, E. S. (Eds.). (1993). *Cognitive-behavioral procedures with children and adolescents: A practical guide.* Boston: Allyn & Bacon.

Forehand, R. L., & McMahon, R.J. (1981). *Helping the noncompliant child: A clinician's guide to parent training.* New York: Guilford Press.

Frick, P. J. (1993). Oppositional defiant disorder: A meta-analytic review of factor analyses and cross-validation in a clinic sample. *Clinical Psychology Review, 13,* 319–340.

Frick, P. J. (1994). Family dysfunction and the disruptive disorders: A review of recent empirical findings. In T. H. Ollendick & R. J. Prinz (Eds.), *Advances in clinical child psychology* (Vol. 16, pp. 203–226). New York: Plenum Press.

Gard, G. E., & Berry, K. K. (1986). Oppositional children: Training tyrants. *Journal of Clinical Child Psychology, 15,* 148–158.

Garfinkel, B. D., & Wender, P. H. (1989). Attention-deficit hyperactivity disorder. In H. I. Kaplan & B. I. Sadock (Eds.), *Comprehensive textbook of psychiatry* (5th ed., pp. 1828–1836). Baltimore: Williams & Wilkins.

Gurucharri, C., Phelps, E., & Selman, R. (1984). Development of interpersonal understanding: A longitudinal and comparative study of normal and disturbed youths. *Journal of Consulting and Clinical Psychology, 52,* 26–36.

Haapasalo, J., & Tremblay, R. E. (1994). Physically aggressive boys from ages 6 to 12: Family background, parenting behavior, and prediction of delinquency. *Journal of Consulting and Clinical Psychology, 62,* 1044–1052.

Hamlett, K. W., Pellegrini, D. S., & Connors, C. K. (1987). An investigation of executive processes in the problem-solving of attention deficit–hyperactive children. *Journal of Pediatric Psychology, 12,* 227–240.

Henggeler, S. W., & Borduin, C. M. (1990). *Family therapy and beyond: A multisystemic approach to treating the behavior problems of children and adolescents.* Pacific Grove, CA: Brooks/Cole.

Henggeler, S. W., Melton, G. B., & Smith, L. A. (1992). Multisystemic treatment of serious juvenile offenders: An effective alternative to incarceration. *Journal of Consulting and Clinical Psychology, 60,* 453-61.

Henggeler, S. W., Rodick, J. D., Borduin, C. M., Hanson, C. L., Watson, S. M., & Urey, J. R. (1986). Multisystemic treatment of juvenile offenders: Effects on adolescent behavior and family interaction. *Developmental Psychology, 22,* 132–141.

Hinshaw, S. P. (1994). *Attention deficits and hyperactivity in children.* Thousand Oaks, CA: Sage.

Hinshaw, S. P., & Erhardt, D. (1990). Behavioral treatment. In V. B. Van Hasselt & M. Hersen (Eds.), *Handbook of behavior therapy and pharmacotherapy for children: A comparative analysis.* Boston: Allyn & Bacon.

Ho, M. K. (1987). *Family therapy with ethnic minorities.* Newbury Park, CA: Sage.

Hocutt, A. M., McKinney, J. D., & Montague, M. (1993). Issues in the education of students with attention deficit disorder: Introduction to the special issue. *Exceptional Children, 60,* 103–106.

Hooks, K., Milich, R., & Lorch, E. P. (1994). Sustained and selective attention in boys with attention deficit hyperactivity disorder. *Journal of Clinical Child Psychology, 23,* 69–77.

Hoza, B., Pelham, W. E., Milich, R., Pillow, D., & McBride, K. (1993). The self-perceptions and attributions of attention deficit hyperactivity disordered and nonreferred boys. *Journal of Abnormal Child Psychology, 21,* 271–287.

Iaboni, F., Douglas, V. I., & Baker, A. G. (1995). Effects of reward and response costs on inhibition in ADHD children. *Journal of Abnormal Psychology, 104,* 232–240.

Jensen, J. B., Burke, N., & Garfinkel, B. D. (1988). Depression and symptoms of attention deficit disorder with hyperactivity. *Journal of the American Academy of Child and Adolescent Psychiatry, 27,* 742–747.

Kazdin, A. E. (1993). Treatment of conduct disorder. *Development and Psychopathology, 5,* 277–310.

Kazdin, A. E. (1995). *Conduct disorders in childhood and adolescence* (2nd ed.). Thousand Oaks, CA: Sage.

Kazdin, A. E., Bass, D., Siegel, T., & Thomas, C. (1989). Cognitive-behavioral therapy and relationship therapy in the treatment of children referred for antisocial behavior. *Journal of Consulting and Clinical Psychology, 57,* 522–535.

Kazdin, A. E., Esveldt-Dawson, K., French, N. H., & Unis, A. (1987a). Problem-solving skills training and relationship therapy in the treatment of antisocial child behavior. *Journal of Consulting and Clinical Psychology, 55,* 76–85.

Kazdin, A. E., Esveldt-Dawson, K., French, N. H., & Unis, A. (1987b). Effects of parent management training and problem-solving skills training combined in the treatment of antisocial child behavior. *Journal of the American Academy of Child and Adolescent Psychiatry, 26,* 416–424.

Kazdin, A. E., Siegel, T. C., & Bass, D. (1992). Cognitive problem-solving skills training and parent management training in the treatment of antisocial behavior in children. *Journal of Consulting and Clinical Psychology, 60,* 733–747.

Kendall, P. C. (1981). One-year follow-up of concrete versus conceptual cognitive-behavioral self-control training. *Journal of Consulting and Clinical Psychology, 49,* 748–749.

Kendall, P. C. (1982). Individual versus group cognitive-behavioral self-control training: One-year follow-up. *Behavior Therapy, 13,* 241–247.

Kendall, P. C. (Ed.). (1991). *Child and adolescent therapy: Cognitive-behavioral procedures.* New York: Guilford Press.

Kendall, P. C., & Braswell, L. (1982). Cognitive-behavioral self-control therapy for children: A components analysis. *Journal of Consulting and Clinical Psychology, 50,* 672–689.

Kendall, P. C., & Braswell, L. (1993). *Cognitive-behavioral therapy for impulsive children* (2nd ed.). New York: Guilford Press.

Kendall, P. C., & Finch, A. J. (1978). A cognitive-behavioral treatment for impulsivity: A group comparison study. *Journal of Consulting and Clinical Psychology, 46,* 110–118.

Kendall, P. C., & Wilcox, L. E. (1980). A cognitive-behavioral treatment for impulsivity: Concrete versus conceptual training in non-self-controlled problem children. *Journal of Consulting and Clinical Psychology, 48,* 80–91.

Kendall, P. C., & Zupan, B. A. (1981). Individual versus group application of cognitive-behavioral strategies for developing self-control in children. *Behavior Therapy, 12,* 344–359.

Klein, N. C., Alexander, J. F., & Parsons, B. V. (1977). Impact of family systems intervention on recidivism and sibling delinquency: A model of primary prevention and program evaluation. *Journal of Consulting and Clinical Psychology, 45,* 469–474.

Lochman, J. E. (1992). Cognitive-behavioral intervention with aggressive boys: Three-year follow-up and preventive effects. *Journal of Consulting and Clinical Psychology, 60,* 426–432.

Lochman, J. E., Burch, P. R., Curry, J. F., & Lampron, L. B. (1984). Treatment and generalization effects of cognitive-behavioral and goal-setting interventions with aggressive boys. *Journal of Consulting and Clinical Psychology, 52,* 915–916.

Lochman, J. E., & Curry, J. F. (1986). Effects of social problem-solving training and self-instruction training with aggressive boys. *Journal of Clinical Child Psychology, 15,* 159–164.

Lochman, J. E., & Dodge, K. A. (1994). Social-cognitive processes of severely violent, moderately aggressive, and nonaggressive boys. *Journal of Consulting and Clinical Psychology, 62,* 366–374.

Lochman, J. E., Lampron, L. B., Gemmer, T. V., Harris, R., & Wyckoff, G. M. (1989). Teacher consultation and cognitive-behavioral interventions with aggressive boys. *Psychology in the Schools, 26,* 179–188.

Lochman, J. E., & Lenhart, L. A. (1993). Anger coping intervention for aggressive children: Conceptual models and outcome effects. *Clinical Psychology Review, 13,* 785–805.

Lochman, J. E., Nelson, W. M., III, & Sims, J. P. (1981). A cognitive behavioral program for use with aggressive children. *Journal of Clinical Child Psychology, 10,* 146–148.

Loeber, R. (1990). Development and risk factors of juvenile antisocial behavior and delinquency. *Clinical Psychology Review, 10,* 1–41.

Loeber, R., & Stouthamer-Loeber, M. (1986). Family factors as correlates and predictors of juvenile conduct problems and delinquency. *Journal of Research in Crime and Delinquency, 21,* 7–31.

Luther S. S., & Zigler, E. Z. (1991). Vulnerability and competence: A review of research on residence in childhood. *American Journal of Orthopsychiatry, 61,* 6–22.

Masten, A. S., Coatsworth, D. J., Neeman, J., Gest, S. D., Tellegen, A., & Garmezy, N. (1995). The structure and coherence of competence from childhood through adolescence. *Child Development, 66,* 1635–1659.

Masten, A. S., & Garmezy, N. (1986). Risk, vulnerability and protective factors in developmental psychopathology. In B. B. Lahey & A. E. Kazdin (Eds.), *Advances in clinical child psychology* (Vol. 9, pp. 1–52). New York: Plenum Press.

McBurnett, K., Lahey, B. B., & Phiffner, L. J. (1993). Diagnosis of attention deficit disorders in DSM-IV: Scientific basis and implications for education. *Exceptional Children, 60,* 108–117.

McConaughy, S. H., & Skiba, R. J. (1993). Comorbidity of externalizing and internalizing problems. *School Psychology Review, 22,* 421–436.

McMahon, R. J. (1994). Diagnosis, assessment, and treatment of externalizing problems in children: The role of longitudinal data. *Journal of Consulting and Clinical Psychology, 62,* 901–917.

McMahon, R. J., & Wells, K. C. (1989). Conduct disorders. In E. J. Mash & R. A. Barkley (Eds.), *Treatment of childhood disorders* (pp. 73–132). New York: Guilford Press.

Meichenbaum, D., & Turk, D. (1987). *Facilitating treatment adherence: A practitioners guidebook.* New York: Plenum Press.

Minuchin, S. (1979). *Families and family therapy.* Cambridge, MA: Harvard University Press.

Moffitt, T. E. (1993). Adolescent-limited and life-course persistent antisocial behavior: A developmental taxonomy. *Psychological Review, 100*, 674–701.

Mulvey, E. P., Arthur, M. W., & Reppucci, N. D. (1993). The prevention and treatment of juvenile delinquency. *Clinical Psychology Review, 13*, 133–168.

Newcomb, A. F., Bukowski, W. M., & Pattee, L. (1993). Children's peer relations. A meta-analytic review of popular, rejected, neglected, controversial, and average sociometric status. *Psychological Bulletin, 113*, 99–128.

Ollendick, T. H., & King, N. J. (1994). Diagnosis, assessment, and treatment of internalizing problems in children: The role of longitudinal data. *Journal of Consulting and Clinical Psychology, 62*, 918–927.

Olson, S. L., Bates, J. E., & Bayles, K. (1990). Early antecedents of childhood impulsivity: The role of parent–child interaction, cognitive competence, and temperament. *Journal of Abnormal Child Psychology, 18*, 317–334.

Parsons, B. V., & Alexander, J. F. (1973). Short-term family intervention: A therapy outcome study. *Journal of Consulting and Clinical Psychology, 41*, 195–201.

Patterson, G.R. (1982). *Coercive family process.* Eugene, OR: Castalia Press.

Patterson, G. R., Capaldi, D., & Bank, L. (1991). An early starter model of predicting delinquency. In D.J. Pepler & K.H. Rubin (Eds.), *The development and treatment of childhood aggression* (pp. 139–168). New York: Erlbaum.

Patterson, G. R., DeBaryshe, B. D., & Ramsey, E. (1989). A developmental perspective of antisocial behavior. *American Psychologist, 44*, 329–333.

Pelham, W. E., & Bender, M. E. (1982). Peer relationships in hyperactive children: Description and treatment. In K. Gadow & I. Bialer (Eds.), *Advances in learning and behavioral disabilities* (Vol. 1, pp. 365–435). Greenwich, CT: JAI Press.

Pelham, W. E., & Gnagy, E. M. (1995). A summer treatment program for children with ADHD. *ADHD Report, 3*, 6–8.

Pelham, W., & Hoza, B. (in press). Intensive treatment: Summer treatment program for children with ADHD. In E. D. Hibbs & P. S. Jenson (Eds.), *Psychosocial treatments for child and adolescent disorders* (pp. 311–340). Washington, DC: American Psychological Association.

Pettit, G. S., Bates, J. E., & Dodge, K. A. (1993). Family interaction patterns and children's conduct problems at home and school: A longitudinal perspective. *School Psychology Review, 22*, 403–420.

Phiffner, L. J., Jouriles, E. N., Brown, M. M., Etscheidt, M. A., & Kelly, J. A. (1990). Effects of problem-solving therapy on outcomes of parent training for single-parent families. *Child and Family Behavior Therapy, 12*, 1–11.

Prinz, R. J., Blechman, E. A., & Dumas, J. E. (1994). An evaluation of peer coping-skills training for childhood aggression. *Journal of Clinical Child Psychology, 23*, 193–203.

Rae-Grant, N., Thomas, H. B., Offord, D. R., & Boyle, M. H. (1989). Risk, protective factors, and the prevalence of behavioral and emotional disorders in children and adolescents. *Journal of the American Academy of Child and Adolescent Psychiatry, 28*, 262–268.

Ramsey, E., & Walker, H. M. (1988). Family management correlates of antisocial behavior among middle school boys. *Behavioral Disorders, 13*, 187–201

Ramsey, E., Walker, H. M., Shinn, M., O'Neill, R. E., & Stieber, S. (1989). Parent management practices and school adjustment. *School Psychology Review, 18*, 513–525.

Riccio, C. A., Hynd, G. W., Cohen, M. J., & Gonzalez, J. J. (1993). Neurological basis of attention deficit hyperactivity disorder. *Exceptional Children, 60,* 188–124.

Robin, A. L., & Foster, S. L. (1989). *Negotiating parent–adolescent conflict: A behavioral-family systems approach.* New York: Guilford Press.

Robin, A. L., Kent, R., O'Leary, K. D., Foster, S., & Prinz, R. (1977). An approach to teaching parents and adolescents problem-solving communication skills: A preliminary report. *Behavior Therapy, 8,* 639–643.

Roghoff, B., Ellis, S., & Gardner, W. (1984). Adjustment of adult–child instruction according to child's age and task. *Developmental Psychology, 26,* 193–199.

Sanders, M. R., Dadds, M. R., Johnston, B. M., & Cash, R. (1992). Childhood depression and conduct disorder: I. Behavioral, affective, and cognitive aspects of family problem-solving interactions. *Journal of Abnormal Psychology, 101,* 495–504.

Sattersfield, J., Swanson, J., Schell, A., & Lee, F. (1994). Prediction of antisocial behavior in attention-deficit hyperactivity disorder boys from aggression/defiance scores. *Journal of the American Academy of Child and Adolescent Psychiatry, 33,* 185–190.

Saxe, G., Guberman, S., & Gearhart, M. (1987). Social progresses in early number development. *Monographs of the Society for Research in Child Development, 52*(2, Serial No. 216).

Shapiro, S. K., & Hynd, G. W. (1993). Psychobiological basis of conduct disorder. *School Psychology Review, 22,* 386–402.

Sobol, M. P., Ashbourne, D. R., Earn, B. M., & Cunningham, C. E. (1989). Parent's attributions for achieving compliance from attention-deficit disordered children. *Journal of Abnormal Child Psychology, 17,* 359–369.

Spence, S. (1994). Practitioner review: Cognitive therapy with children and adolescents. *Journal of Child Psychology and Psychiatry, 35,* 1191–1228.

Sroufe, L. A., & Rutter, M. (1984). The domain of developmental psychopathology. *Child Development, 55,* 17–29.

Stark, K. (1990). *Childhood depression: School-based intervention.* New York: Guilford Press.

Strassberg, Z., Dodge, K. A., Pettit, G. S., & Bates, J. E. (1994). Spanking in the home and children's subsequent aggression toward kindergarten peers. *Development and Psychopathology, 6,* 445–461.

Tant, J. L., & Douglas, V. I. (1982). Problem-solving in hyperactive, normal and reading-disabled boys. *Journal of Abnormal Child Psychology, 10,* 285–306.

Tremblay, R. E., Pagani-Kurtz, L., Masse, L. C., Vitaro, F., & Pihl, R. O. (1995). A bimodal preventive intervention for disruptive kindergarten boys: Its impact through mid-adolescence. *Journal of Consulting and Clinical Psychology, 63,* 560–568.

Tuma, J. M. (1989). Traditional therapies with children. In T. H. Ollendick & M. Hersen (Eds.), *Handbook of child psychology* (2nd ed., pp. 419–438). New York: Plenum Press.

Vincent Roehling, P., & Robin, A. L. (1986). Development and validation of the Family Beliefs Inventory: A measure of unrealistic beliefs among parents and adolescents. *Journal of Consulting and Clinical Psychology, 54,* 693–697.

Vitaro, F., & Tremblay, R. E. (1994). Impact of a prevention program on aggressive children's friendships and social adjustment. *Journal of Abnormal Child Psychology, 22,* 457–475.

Vygotsky, L. S. (1962). *Thought and language.* New York: Wiley.

Vygotsky, L. S. (1978). *Mind in society.* Cambridge, MA: MIT Press.

Waters, E., & Sroufe, L. A. (1983). Social competence as a developmental construct. *Developmental Review, 3,* 79–97.

Webster-Stratton, C. (1989). The relationship of marital support, conflict, and divorce to parent perceptions, behaviors, and childhood conduct problems. *Journal of Marriage and the Family, 51,* 417–430.

Webster-Stratton, C. (1993). What really happens in parent training? *Behavior Modification, 17,* 407–456.

Weiss, B., Dodge, K., Bates, J. E., & Pettit, G. S. (1992). Some consequences of early harsh discipline: Child aggression and maladaptive social information processing style. *Child Development, 16,* 1321–1335.

White, J. L., Moffitt, T. E., Caspi, A., Bartusch, J. B., Needles, D. J., & Stouthamer-Loeber, M. (1994). Measuring impulsivity and examining its relationship to delinquency. *Journal of Abnormal Psychology, 103,* 192–205.

Wood, D. (1980). Teaching the young child: Some relationships between social interaction, language, and thought. In D. Olson (Ed.), *The social foundations of language and thought* (pp. 280–296). New York: Norton.

國家圖書館出版品預行編目（CIP）資料

行為障礙症兒童的技巧訓練：父母與治療者指導手冊 / Michael L. Bloomquist
作；陳信昭、陳碧玲譯. -- 初版. -- 臺北市：心理，1999（民 88）
　面；　　公分. --（障礙教育系列；63026）
參考書目：面
譯自：Skills training for children with behavior disorders: a parent and therapist
guidebook
　ISBN 978-957-702-309-4（平裝）

1.特殊教育－手冊，便覽等

529.6026　　　　　　　　　　　　　　　　　　88002213

障礙教育系列 63026

行為障礙症兒童的技巧訓練：父母與治療者指導手冊

作　　者：Michael L. Bloomquist
譯　　者：陳信昭、陳碧玲
總 編 輯：林敬堯
發 行 人：洪有義
出 版 者：心理出版社股份有限公司
地　　址：新北市新店區光明街 288 號 7 樓
電　　話：(02) 29150566
傳　　真：(02) 29152928
郵撥帳號：19293172　心理出版社股份有限公司
網　　址：http://www.psy.com.tw
電子信箱：psychoco@ms15.hinet.net
駐美代表：Lisa Wu（lisawu99@optonline.net）
排 版 者：鄭珮瑩
印 刷 者：紘基印刷有限公司
初版一刷：1999 年 3 月
初版十刷：2019 年 8 月
I S B N：978-957-702-309-4
定　　價：新台幣 380 元